HERZHAFT VEGETARISCH

Iris Lange-Fricke
Stefanie Nickel

HERZHAFT VEGETARISCH

Deftig, würzig, gut

Rezepte für echte Kerle
und starke Frauen

AT Verlag

INHALT

VORWORT

Vegetarische Küche ist Genuss. Die Zeiten, in denen Vegetarier belächelt wurden, sind längst vorbei. Mittlerweile gibt es mehr als sieben Millionen Menschen in Deutschland, die vegetarisch leben, und die Zahl der Männer darunter steigt. Waren sonst eher Frauen die Vegetarierinnen und Männer die Fleischfans, ist heute dieser Trend auch beim männlichen Geschlecht angekommen, und immer mehr von ihnen lieben die fleischlose Küche. Ganz egal ob ethisch-moralische oder gesundheitliche Gründe im Vordergrund stehen – mit diesem Buch kommen Sie auf den Geschmack.

Wir präsentieren deftige, vegetarische und vegane Gerichte für den herzhaften (Männer-)Geschmack, bei denen Frauen aber ebenso auf ihre Kosten kommen. Neben zahlreichen Burgern, Sandwiches, pikanten Salaten, Pastagerichten und Grillrezepten gibt es auch vegetarische Klassiker. Wir möchten keineswegs den moralischen Zeigefinger erheben und ausschließlich für vegetarische Ernährung plädieren. Mit diesem Buch möchten wir Anregungen geben und zeigen, wie abwechslungsreich, würzig und schmackhaft die vegetarische Küche sein kann.

Iris Lange-Fricke und Stefanie Nickel

EINLEITUNG

VEGETARISCH FÜR ECHTE KERLE UND STARKE FRAUEN

Ran ans Gemüse!

Lecker vegetarisch

Unsere einfachen und unkomplizierten Rezepte bieten einen idealen Einstieg in die vegetarische Küche. Egal ob für Anfänger oder erfahrene Köche und Köchinnen, hier ist für jeden etwas dabei. So ist gutes Essen garantiert. Wichtig dabei ist, dass auch die Nährwerte stimmen. Wir zeigen, was vegetarische Küche beinhaltet und wie diese schmackhaft, abwechslungsreich, ausgewogen und ohne Verzicht aussehen kann.

Wer auf Fleisch, Fisch und Meeresfrüchte oder sogar auf Milchprodukte, Eier und Honig verzichten möchte, sollte auf die Ausgewogenheit seiner Ernährung achten. Denn einfach nur die tierischen Produkte wegzulassen, ist auf Dauer nicht gesund und geschmacklich langweilig. Diese Nährstoffe haben wir deshalb genau im Blick: Eiweiß, Eisen, Vitamin B12, Kalzium, Jod, Omega-3-Fettsäuren, Zink und Vitamin D. Diese und andere gesunde Inhaltsstoffe stecken in einer abwechslungsreichen vegetarischen Ernährung.

Wie das geht?

In Hülsenfrüchten wie *Bohnen, Erbsen* und *Linsen* gibt es viele dieser für Veggie-Fans wichtigen Nährstoffe. Insbesondere das pflanzliche Eiweiß, das für unsere Muskeln essenziell ist, ist in diesen Power-Zutaten reichlich enthalten. Darüber hinaus sind Hülsenfrüchte reich an Vitaminen, Mineral- und Ballaststoffen. Besonders gelbe oder rote Linsen sind gut geeignet, denn sie sind echtes Speed-Food – in nur 15 Minuten gar, optimal für Suppen, Aufstriche oder Currys! Bohnen und Kichererbsen sind toll als Salat oder in Eintöpfen. Außerdem können sie auch als Beilage dienen oder zu Bällchen oder Frikadellen für Burger geformt werden. Püriert schmecken Bohnen, Erbsen und Kichererbsen als Dip oder Pesto.

Brot, Nudeln, Reis, Vollkorngetreide sowie *Kartoffeln* sind unsere Kohlenhydrat- und somit Energielieferanten. Verwenden Sie möglichst oft die Vollkornvariante. So bekommen Sie noch eine Extraportion Eiweiß, Vitamine, Mineralstoffe, Ballast- und sekundäre Pflanzenstoffe dazu. Die in den Vollkornprodukten vorhandenen Spurenelemente Eisen und Zink decken den täglichen Bedarf. Wichtig: Für eine bessere Verwertung des pflanzlichen Eisens essen oder trinken Sie dazu etwas, das reich an Vitamin C ist.

Obst und *Gemüse* sind die Fitmacher schlechthin. Sie sind kalorienarm, vitalstoffreich und bringen Abwechslung auf den Teller. Also können Sie hier richtig zugreifen, denn sie versorgen den Körper mit reichlich Vitaminen, Mineralstoffen sowie Ballast- und sekundären Pflanzenstoffen. Besonders die grünen Gemüsearten sind interessant, denn sie enthalten viel Eisen, Folsäure und Kalzium. Genau das Richtige für eine vegetarische Ernährung. Auch hier gilt: Vitamin C ergänzen, zum Beispiel mit einem Orangensaft oder Paprika, damit der Körper das Eisen besser aufnehmen kann.

Ob *Champignons, Kräuterseitlinge, Pfifferlinge* oder *Austernpilze* – Pilze sind toll für die vegetarische Küche. Wir braten, panieren, grillen, füllen und marinieren sie. Mit ihrer Konsistenz ähneln sie Fleisch und sind hierfür ein leckerer Ersatz. Dazu sind sie sehr gesund: Pilze enthalten Vitamin A sowie D und Vitamine der B-Gruppe, Mineralstoffe wie Kalzium, Magnesium, Zink und Selen. Darüber hinaus stecken in ihnen Eiweiß und Ballaststoffe.

Nüsse und *Samen* – wie Walnüsse, Mandeln, Haselnüsse, Sesamsamen oder Cashewkerne – sind kernige Stars auf Salaten, in Pestos und über Suppe oder Nudeln gestreut. Sie enthalten bis zu 60 Prozent gesunde Fette, viele Vitamine, Mineralstoffe, Spurenelemente, Eiweiß und komplexe Kohlenhydrate. Walnüsse liefern Omega-3-Fettsäuren. Mandeln und Sesam strotzen vor Kalzium. Sesamsamen und Kürbiskerne sind reich an Eisen.

Milch, Milchprodukte und *Eier* zeichnen sich durch hochwertiges Eiweiß aus. Dazu kommen wertvolle Nährstoffe, wie das knochenstärkende Kalzium, Jod für die Schilddrüse und Vitamin A für unsere Sehkraft. Mit diesen Produkten kann ein Großteil des Eiweiß- und Kalziumbedarfs abgedeckt werden. Wer lieber darauf verzichten möchte, verwendet pflanzliche Alternativen aus Soja, Hülsenfrüchten, Getreide oder Mandeln. Die sind ebenfalls sehr eiweißreich und enthalten viele Vitamine und Mineralstoffe.

Pflanzliche Fette – auch Avocados, Nüsse, Samen und Oliven – liefern lebensnotwendige Fettsäuren und enthalten zusätzlich fettlösliche Vitamine. Wir mögen Vielfalt, deshalb greifen wir zu Rapsöl, Olivenöl und verschiedenen Nussölen für Dressings, Saucen und zum Braten.

Noch eine Anmerkung zum Thema *Fleischersatz:* Im Handel gibt es ein breites Angebot an sogenannten Fleischersatzprodukten wie pflanzliche Schnitzel, Würstchen und Ähnliches. Bis auf die puren Lebensmittel wie Soja-, Getreide-, Nussprodukte und Tofu verwenden wir davon nichts. Wir sind nämlich überzeugt, dass Hülsenfrüchte und Getreide eine gute Grundlage für Burger und Füllungen sind.

Geschmackvoll

Wir haben dieses Buch so konzipiert, dass alle auf ihre Kosten kommen. Diejenigen, die lieber zu leichten Speisen mit vielen Kräutern oder fruchtigen Obst-Gemüse-Kombis greifen, aber auch jene, die es vor allem deftig und würzig mögen.

Gewürze und Kräuter sind ein wichtiger Teil in unseren Rezepten. Sie dürfen im Küchenregal oder auf der Fensterbank nicht fehlen. Ein Muss für Auge und Geschmack. Erst mit der richtigen Würze entsteht ein individueller, komplexer Geschmack. Unsere Gewürzmischungen geben den Speisen einen besonderen Pfiff und können ganz leicht zubereitet werden.
Steht ein Döschen mit der Mischung im Regal, können Sie schnell zugreifen und ohne großen Aufwand damit kochen.

Die Klassiker *Salz* und *Pfeffer* gehören in jede Küche. Probieren Sie aber auch einmal verschiedene Sorten Salz und Pfeffer aus. Bei vielen Gerichten bringt das schon Abwechslung.
Wir verwenden am häufigsten grobes Meersalz, am besten frisch gemahlen aus der Mühle. Darüber hinaus mögen wir Fleur de Sel und das herzhafte Aroma von Rauchsalz. Frisch gemahlene oder zerstoßene Pfefferkörner bringen die passende Schärfe. Am häufigsten verwenden wir schwarzen Pfeffer. Grüner Pfeffer oder Langpfeffer hat eine besondere Note und passt gut in Gewürzmischungen.

Getrocknete Gewürze bevorzugen wir im Ganzen, denn da sind der Geschmack und das Aroma noch intensiver enthalten als in fertig gekauften Mischungen und schon gemahlenen Pulvern. Wenn die Samen und Körner im Mörser zerstoßen werden, steigt ein toller Duft in die Nase. Das liegt an den ätherischen Ölen, die dabei freigesetzt werden. Um diese Würzkraft noch zu verstärken, kann man die Gewürze vor dem Zermahlen kurz in der Pfanne trocken, das heißt ohne Zugabe von Fett, anrösten. Natürlich verraten wir Ihnen auch die Rezepte für unsere aromatischen Gewürzmischungen (Rezepte Seite 46).
Ohne frische und getrocknete Kräuter geht bei uns gar nichts. Sie würzen und runden ein Gericht erst richtig ab. Kräutertöpfe auf dem Balkon oder in der Küche sind immer griffbereit und sofort nutzbar. Thymian, Rosmarin, Petersilie, Basilikum, Oregano und Majoran sind einige der Gewürze, die wir in unseren Rezepten verwenden. Diese Kräuter haben eine herb-intensive Note und passen gut zu deftigen und pikanten Speisen.
Darüber hinaus gibt es zahlreiche Zutaten wie Wein, dunkle Schokolade, Knoblauch, Zwiebeln, Bier, getrocknete Tomaten, Zitronenschale, Zitronengras, Limettensaft oder Essig, die jedem Essen ein intensives Aroma, einen einmaligen Geschmack verleihen. Besonders zu Gemüse, Kartoffeln und Bohnen passen gut getrocknete Tomaten, Knoblauch oder Oliven. Zu einer echten Sensation wird Tofu mit Ingwer, Zitronenschale und Knoblauch.

Grillen, Braten, Räuchern, Frittieren, Schmoren, Backen – das sind Zubereitungsarten, die Geschmack und volles Aroma bringen. Das liegt an den Röststoffen, die durch diese Garverfahren entstehen. Dabei werden Eiweiß und Zucker durch eine Reaktion umgewandelt, es entstehen eine bräunliche Kruste und ein intensiver Geschmack. Allein schon eine knusprige Konsistenz gibt dem Gaumen und dem Ohr ein tolles Gefühl und dem Essen Charakter. Durch Räuchern kommt darüber hinaus noch eine andere spannende Note ins Spiel. So ist Räuchertofu eine tolle Alternative zu Speck oder Schinken. Auch auf dem Grill können Räucherhölzer Geschmacksnuancen an Gemüse, Pilze oder Kartoffeln zaubern.

Quick & easy

Zeit ist bei vielen von uns ein großes Thema, und häufig bleibt das frische Kochen aus Grundzutaten dabei auf der Strecke. Auch wir stehen nicht jeden Tag in der Küche und kochen stundenlang. Bei uns darf es ebenfalls mal schnell gehen. Damit nicht Fertigpizza oder der Burger vom Fastfood-Stand um die Ecke auf dem Teller landen, hier ein paar Tipps, die schnelles und gesundes Essen garantieren.

Folgendes gehört in jeden Vorratsschrank, ist er auch noch so klein: Vollkornnudeln, Reis, Getreide wie Couscous und Bulgur, rote oder gelbe Linsen, Kichererbsen, Tomaten und Bohnen in der Dose, Haferflocken, Nüsse, Trockenfrüchte, Vollkornmehl, Öl und Essig, Senf und Tomatenmark.

Die meisten Gerichte lassen sich auch gut aufwärmen. Also ruhig eine Portion mehr kochen, einfrieren und/oder am folgenden Tag oder später zum Beispiel mit zur Arbeit nehmen.

Bei wenig Zeit eignen sich Gemüse mit kurzen Garzeiten wie Pilze, Paprika, Tomaten, Zucchini und Tofu. Ganz fix geht es, wenn im Tiefkühler ein paar Gemüsepackungen vorrätig sind. Kurz antauen und ab in den Topf. Auch das Pfannenrühren im Wok oder das Grillen auf dem Elektrogrill geht ganz schnell.

Für frische Fertigprodukte wie Gnocchi, Nudeln oder Saucen gilt: Je weniger auf der Zutatenliste steht, desto besser. Kombiniert mit frischem Gemüse, Eiern oder Käse, wird im Handumdrehen ein Essen daraus. Mehr dazu im Kapitel »Quick & easy« auf Seite 112.

BURGER, SANDWICHES UND WRAPS

Zum Reinbeißen

SAMURAI-BURGER

Zubereitungszeit: 1 Stunde
Für 4 Stück

200 g Chinakohlblätter oder Pak Choi
2 Frühlingszwiebeln
2 EL Sesamöl
1 EL Sesamsamen
3 EL Sojasauce
1 TL Sambal Oelek
Meersalz, schwarzer Pfeffer aus der Mühle
150 g Joghurt
1 EL Wasabipaste
½ Bund Koriander
1 TL Limettensaft
½ Gurke
1 rote Paprikaschote
400 g Räuchertofu
4 Burger-Brötchen (selbstgemacht, siehe Seite 45)

⋙ Den Chinakohl oder Pak Choi und die Frühlingszwiebeln in Streifen schneiden. 1 Esslöffel Sesamöl in einer Pfanne erhitzen und das Gemüse mit den Sesamsamen darin etwa 5 Minuten anbraten. Mit 2 Esslöffeln Sojasauce ablöschen und mit dem Sambal Oelek sowie Salz und Pfeffer würzen.

⋙ Den Joghurt mit der Wasabipaste und dem Koriander pürieren und mit dem Limettensaft, Salz und Pfeffer abschmecken. Die Gurke und die Paprika in Scheiben bzw. Streifen schneiden.

⋙ Den Räuchertofu in Scheiben schneiden und in einer Bratpfanne in dem restlichen heißen Sesamöl anbraten, mit der restlichen Sojasauce ablöschen und mit Salz und Pfeffer würzen. Die Brötchen aufschneiden und im Toaster oder einer Pfanne kurz rösten. Die unteren Brötchenhälften mit Chinakohlgemüse, Tofu, Gurkenscheiben, Paprikastreifen und der Sauce belegen und zugeklappt servieren.

VEGAN

Tipp: *Wer den Burger vegan zubereiten möchte, kann statt gewöhnlichem Kuhmilch-Joghurt Sojajoghurt oder Seidentofu verwenden.*

GRILLED CHEESE-SANDWICH

Zubereitungszeit: 50 Minuten
Für 4 Stück

2 rote Zwiebeln
100 g Champignons
2 EL Olivenöl
Meersalz, schwarzer Pfeffer aus der Mühle
1 EL Honig
5 EL Balsamicoessig
200 g Zucchini
4 Sandwichbrötchen
2 Handvoll Basilikumblätter
4 Scheiben Cheddar

>>> Die Zwiebeln in Ringe, die Champignons in Scheiben schneiden. 1 Esslöffel Öl in einer Bratpfanne erhitzen und die Zwiebeln und Pilze darin anbraten. Mit Salz und Pfeffer würzen. Den Honig dazugeben und alles karamellisieren lassen. Den Essig zufügen und das Gemüse 3–4 Minuten einkochen lassen.

>>> Die Zucchini längs in Scheiben schneiden. Das restliche Öl in einer Grillpfanne erhitzen und die Zucchini darin 3–4 Minuten braten. Die Brötchen halbieren und die unteren Hälften mit Zucchini, Basilikumblättern und karamellisiertem Gemüse belegen. Dann jeweils 1 Käsescheibe darauflegen. Die oberen Brötchenhälften auflegen.

>>> Eine Grillpfanne erhitzen. Die Sandwiches in die Pfanne legen und mit dem Deckel oder einem Teller etwas herunterdrücken. Dann 1–2 Minuten braten, bis der Käse geschmolzen ist. Die Sandwiches schräg halbieren und warm servieren.

Gut zu wissen: *Cheddar kann in vielen Gerichten eingesetzt werden und eignet sich auch zum Überbacken. Seine orangegelbe Färbung bekommt er durch den Rahmanteil der verwendeten Milch. Oft wird allerdings mit etwas von dem Pflanzenfarbstoff Annatto nachgeholfen. »Farmhouse Cheddar« ist die Bezeichnung für traditionell und handwerklich hergestellten hochwertigen Käse.*

PURPLE-PINK-BURGER MIT FETA UND AVOCADO

Zubereitungszeit: 1 Stunde
Für 4 Stück

75 g rote Linsen
Meersalz
300 g Rote Bete
1 Zwiebel
2 Knoblauchzehen
5 EL Haferflocken
1 Ei
100 g Feta
½ TL Chiliflocken
schwarzer Pfeffer aus der Mühle
5 Zweige Basilikum
2 EL Olivenöl
1 Avocado
1–2 EL Zitronensaft
100 g Joghurt
1 rote Zwiebel
4 Sauerteigbrötchen
1 Handvoll Rucola

⋙ Die Linsen in wenig leicht gesalzenem, kochendem Wasser etwa 15 Minuten garen. Gut abtropfen und abkühlen lassen.

⋙ Die Rote Bete grob raspeln. Die Zwiebel und die Knoblauchzehen hacken. Die Linsen mit Roter Bete, Zwiebel, der Hälfte des gehackten Knoblauchs, Haferflocken, Ei und dem zerkleinerten Feta gut vermischen. Mit Chili, Salz und Pfeffer kräftig würzen. 30 Minuten zugedeckt stehen lassen.

⋙ Die Basilikumblättchen abzupfen und hacken. Die Hälfte davon unter die Rote-Bete-Masse mischen. Mit angefeuchteten Händen aus der Masse Bratlinge formen. Das Olivenöl in einer Bratpfanne erhitzen und die Bratlinge darin von beiden Seiten jeweils 3–4 Minuten braten.

⋙ Für den Dip die Avocado halbieren, den Stein entfernen und das Fruchtfleisch mit einem Löffel herauslösen. Mit dem Zitronensaft vermischen und zu einem Mus zerdrücken. Den Joghurt und den restlichen Knoblauch unterrühren. Mit Salz und Pfeffer abschmecken.

⋙ Die rote Zwiebel in dünne Scheiben schneiden. Die Brötchen aufschneiden und im Toaster oder einer Pfanne kurz rösten. Mit dem Avocadodip bestreichen und mit Rote-Bete-Bratlingen, Zwiebelscheiben, Rucolablättern und restlichem Dip belegen.

***Tipp:** Zu den Rote-Bete-Burgern passt das fruchtige Tomaten-Relish von Seite 107.*

SPICY KAROTTEN-WRAPS

VEGAN

Zubereitungszeit: 40 Minuten
Für 4 Stück

600 g kleine Bundkarotten
1 TL grüne Currypaste
1 TL Fenchelsamen
2 EL Olivenöl
Meersalz, schwarzer Pfeffer aus der Mühle
2 EL Apfelessig
1 EL Agavendicksaft
1 Knoblauchzehe
550 g Sauerkraut (Dose, Beutel)
3 EL Mandelmus
1 EL Senf
1 rote Zwiebel
1 Handvoll Minze
4 EL Pinienkerne
4 Tortillafladen
1 Handvoll kleine Mangoldblätter

⊳⊳⊳ Die Karotten der Länge nach vierteln. Die Currypaste mit den Fenchelsamen verrühren. 1 Esslöffel Öl in einer Pfanne erhitzen und die Currymischung kurz darin anbraten. Die Karotten hinzufügen und unter Wenden anbraten. Mit Salz und Pfeffer würzen. Den Essig, den Agavendicksaft und 2 Esslöffel Wasser hinzugeben. Die Karotten etwa 5 Minuten bissfest garen. Abkühlen lassen.

⊳⊳⊳ Die Knoblauchzehe hacken. Das Sauerkraut mit dem Knoblauch, dem Mandelmus und dem Senf pürieren. Mit Salz und Pfeffer würzen. Die Zwiebel in Scheiben schneiden. Die Minzeblättchen abzupfen und grob hacken. Die Pinienkerne in einer Pfanne ohne Fett rösten.

⊳⊳⊳ Die Tortillafladen mit dem Krautpüree bestreichen. Jeweils einige Blätter Mangold darauf verteilen. Karotten, Zwiebeln, Pinienkerne und Minze mittig darauflegen und die Wraps eng aufrollen, dabei zuerst den Teig oben und unten etwas über die Füllung klappen. Die Wraps mit Pergamentpapier umwickeln oder in der Mitte halbieren und servieren.

SMÖRREBRÖD-BURGER

Zubereitungszeit: 45 Minuten
Für 4 Stück

100 g Grünkernschrot
Meersalz
1 rote Zwiebel
3 EL Haferflocken
1 Ei
1 TL Senf
2 EL Semmelbrösel
schwarzer Pfeffer aus der Mühle
1 EL Rapsöl
½ Bund Radieschen
½ Salatgurke
100 g Quark
3 EL Milch
1 TL Meerrettich
4 Burger-Brötchen (selbstgemacht, Seite 45)
4 Blätter Salat
4 Zweige Dill

>>> Den Grünkernschrot etwa 15 Minuten in der doppelten Menge Salzwasser weich garen. Die Zwiebel hacken. Die Haferflocken mit Ei, Senf, Semmelbröseln und den Zwiebelwürfeln zu einem Teig kneten. Mit Salz und Pfeffer würzen. Aus dem Teig vier Kugeln formen und diese leicht flach drücken. Das Öl in einer Bratpfanne erhitzen und die Burger darin etwa 5 Minuten von beiden Seiten anbraten; im Ofen warm halten.

>>> 2 Radieschen und die Hälfte der Gurke in Scheiben, den Rest in dünne Streifen schneiden. Die Radieschen- und Gurkenscheiben beiseitestellen. Die Streifen mit dem Quark, der Milch und dem Meerrettich vermischen und mit Salz und Pfeffer würzen.

>>> Die Burger-Brötchen aufschneiden und im Toaster oder einer Pfanne kurz rösten. Mit je 1 Salatblatt, den Gurken- und Radieschenscheiben sowie dem Dip belegen, mit je 1 Dillzweig garnieren und servieren.

Gut zu wissen: *Der rauchig-würzige Geschmack von Grünkern entsteht durch das Rösten der getrockneten Dinkelkörner über Buchenfeuer bei mindestens 110 Grad. Neben vielen Kohlenhydraten, Eiweißen und Ballaststoffen sind Mineralstoffe wie Kalium, Eisen und Magnesium sowie B-Vitamine, Vitamin A und E enthalten. Durch die basische Reaktion im Körper ist das Getreide ein toller Sattmacher und gut verträglich.*

SPINAT-QUESADILLAS

Zubereitungszeit: 25 Minuten
Für 6 Stück

1 unbehandelte Zitrone
125 g Kichererbsen (aus der Dose)
1 Avocado
2 EL Tahin
¼ TL gemahlener Kreuzkümmel
200 g mittelalter Gouda, grob gerieben
Meersalz, schwarzer Pfeffer aus der Mühle
1 Handvoll Koriander
12 Tortillafladen (z. B. nach Rezept Seite 45)
50 g junger Spinat
2 EL Olivenöl

⋙ Die Zitrone heiß waschen, abtrocknen und die Schale abreiben, die Frucht auspressen. Die Kichererbsen abgießen und abspülen. Die Avocado halbieren, den Stein entfernen und das Fruchtfleisch herauslöffeln. Mit den Kichererbsen, dem Zitronensaft, dem Tahin und dem Kreuzkümmel pürieren. Den geriebenen Gouda unterrühren. Mit Salz und Pfeffer würzen. Die Korianderblättchen abzupfen und hacken.

⋙ 6 Tortillafladen mit der Avocadocreme bestreichen. Mit Spinatblättern, abgeriebener Zitronenschale und den Korianderblättchen belegen. Anschließend mit den restlichen Fladen bedecken. Das Olivenöl in einer Pfanne erhitzen und die gefüllten Fladen von beiden Seiten 1–2 Minuten braten, bis der Käse geschmolzen ist.

Gut zu wissen: *Tahin ist eine Zutat aus der arabischen Küche. Die Paste wird aus fein gemahlenen Sesamsamen hergestellt und gibt dem Gericht ein leicht nussiges Aroma. Sie ist vitamin- und kalziumreich und sehr beliebt als Brotaufstrich. Das helle Tahin ist die milde Variante, während das dunklere geröstete Sesamsamen enthält und leicht bitter schmeckt.*

PULLED MUSHROOM-SANDWICH

VEGAN

Zubereitungszeit: 45 Minuten
Für 4 Stück

150 g Kräuterseitlinge oder Austernpilze
4 EL Olivenöl
1 rote Zwiebel
¼ TL getrockneter Majoran
¼ TL Paprikapulver
schwarzer Pfeffer aus der Mühle
150 g Spitzkohl
Meersalz
1 TL Zucker
1 TL Kräuteressig
1 EL Apfelmus
1 Prise gemahlener Kümmel
4 dicke Scheiben Sauerteigbrot
4 EL rauchige BBQ-Sauce (Seite 109)

⋙ Den Backofen auf 200 Grad (Umluft 180 Grad) vorheizen. Die Pilze mit 1 Esslöffel Öl bepinseln und im vorgeheizten Ofen etwa 15 Minuten backen. Die Pilze aus dem Ofen nehmen und mit einer Gabel auseinanderpflücken. Die Zwiebel halbieren und dann in Streifen schneiden. 2 Esslöffel Öl mit dem Majoran, dem Paprikapulver und Pfeffer vermischen und die Pilze und die Zwiebelstreifen darin marinieren.

⋙ Für den Krautsalat den Spitzkohl in feine Streifen hobeln. Den Kohl mit Salz, Pfeffer, Zucker, restlichem Öl (1 Esslöffel), Essig, Apfelmus und Kümmel abschmecken und ziehen lassen. Die Pilze und die Zwiebelstreifen in einer heißen Pfanne kurz kross anbraten und mit Salz würzen.

⋙ Die Brotscheiben im Toaster oder in einer Pfanne kurz rösten. Mit dem Spitzkohlsalat und der Pilz-Zwiebel-Mischung belegen, mit der BBQ-Sauce bestreichen, quer halbieren und servieren.

Gut zu wissen: *Pilze sind dank ihrer fleischähnlichen Konsistenz und ihrer Inhaltsstoffe in der vegetarischen Küche ein leckerer Fleischersatz. Sie enthalten Vitamine, Mineralstoffe, Eiweiß und Ballaststoffe. Pilze sind vielseitig einsetzbar und lassen sich braten, panieren, grillen, füllen oder marinieren.*

BLACK-BEAN-BURRITOS MIT MAIS-DIP

Zubereitungszeit: 20 Minuten
Für 4 Stück

1 Zwiebel
2 Knoblauchzehen
4 Tomaten
2 rote Paprikaschoten
400 g schwarze Bohnen (aus der Dose)
1 EL Olivenöl
3 EL Tomatenmark
Meersalz, schwarzer Pfeffer aus der Mühle
je ½ TL Koriander- und Kreuzkümmelsamen, im Mörser zerstoßen
½ TL Chiliflocken
200 g Mais (aus der Dose)
½ Bund Koriander, Blättchen abgezupft
1 TL Limettensaft
150 g Joghurt
4 Maismehltortillas
1 Bund Rucola
60 g Cheddar, gerieben

⪢⪢⪢ Die Zwiebel und den Knoblauch fein hacken. 1 Knoblauchzehe beiseitelegen. Die Tomaten und die Paprikaschoten in kleine Würfel schneiden. Die Bohnen abgießen, abspülen und in einem Sieb abtropfen lassen.

⪢⪢⪢ 1 Esslöffel Öl in einer Pfanne erhitzen. Zwiebel und Knoblauch darin andünsten, dann die Tomaten- und Paprikawürfel beifügen und 5 Minuten mitdünsten. Das Tomatenmark und 100 ml Wasser zugeben. Die Bohnen hinzufügen und alles vermengen. Das Gemüse mit Salz, Pfeffer, Koriander, Kreuzkümmel und ¼ TL Chiliflocken kräftig würzen.

⪢⪢⪢ Den Mais abgießen, in ein hohes Gefäß geben und mit Koriander, Limettensaft, Joghurt und dem restlichen Knoblauch mit dem Stabmixer pürieren. Den Dip mit Salz, Pfeffer und ¼ TL Chiliflocken würzen.

⪢⪢⪢ Die Tortillafladen im Ofen oder in einer Pfanne kurz anwärmen. Den Rucola in Streifen schneiden. Die Fladen auf eine Arbeitsfläche legen und mit dem Rucola, dem Gemüse, dem Cheddar und dem Dip füllen und aufgerollt servieren.

***Tipp:** Bohnen sind echte Eiweißbomben, die gut sättigen und Nahrung für die Muskeln sind. Darüber hinaus enthalten sie blutbildendes Eisen, nervenstärkende B-Vitamine, blutdruckregulierendes Kalium, komplexe Kohlenhydrate und Ballaststoffe.*

BLACK-BEAN-BURGER MIT BROMBEER-CHUTNEY

Zubereitungszeit: 1 Stunde
Für 4 Stück

2 rote Zwiebeln
3 EL Olivenöl
2 EL Zucker
3 EL Balsamicoessig
50 ml Apfelsaft
50 g Brombeeren
1 Zweig Rosmarin
Meersalz, schwarzer Pfeffer aus der Mühle
200 g schwarze Bohnen (aus der Dose)
1 Knoblauchzehe
30 g Walnusskerne, gehackt
1 Ei
20 g kernige Haferflocken
2 EL Semmelbrösel
1 TL mittelscharfer Senf
2 Spritzer Tabasco
½ Bund Schnittlauch
100 g Joghurt
1 TL Senf
60 g Roquefort
4 Burger-Brötchen (selbstgemacht, Seite 45)
1 Handvoll Feldsalat oder junger Spinat

>>> 1 Zwiebel halbieren und in Streifen schneiden, die andere beiseitestellen. 1 Esslöffel Öl in einem Topf erhitzen. Die Zwiebelstreifen darin andünsten, den Zucker zugeben und leicht karamellisieren lassen. Mit dem Essig ablöschen, den Apfelsaft zugießen und alles 5–7 Minuten bei kleiner Hitze zugedeckt köcheln lassen. Die Brombeeren zugeben und weitere 5 Minuten köcheln lassen. Die Rosmarinnadeln abzupfen und klein schneiden. Das Chutney mit dem Rosmarin, Salz und Pfeffer würzen.

>>> Die Bohnen in einem Sieb abspülen, abtropfen lassen und mit einer Gabel zerquetschen. Die Knoblauchzehe und die restliche Zwiebel fein würfeln. Die Bohnen mit der gewürfelten Zwiebel, dem Knoblauch, den gehackten Walnüssen, Ei, Haferflocken, Semmelbröseln, Senf und Tabasco verkneten, mit Salz und Pfeffer kräftig würzen. Aus der Bohnenmasse 4 Kugeln formen und diese dann flach drücken. Die restlichen 2 Esslöffel Öl in einer Bratpfanne erhitzen und die Burger darin von jeder Seite etwa 3 Minuten braten und im Ofen warm stellen.

>>> Den Schnittlauch in Ringe schneiden und mit dem Joghurt und dem Senf vermischen, mit Salz und Pfeffer abschmecken. Den Käse in Scheiben schneiden. Die Burger-Brötchen aufschneiden und im Toaster oder in einer Pfanne kurz rösten. Mit dem Salat oder Spinat, den Black-Bean-Burgern, Käsescheiben, Chutney und Dip belegen und servieren.

Tipp: *Wem der Roquefort zu kräftig ist, der kann auch auf die milderen Gorgonzola-Sorten zurückgreifen.*

SÜSSKARTOFFEL-FALAFEL-PITAS MIT GEBACKENEN ZUCCHINI

Zubereitungszeit: 50 Minuten
Für 4 Stück

200 g Kichererbsen (aus der Dose)
150 g Süßkartoffel
1 rote Zwiebel
Meersalz
4 EL Semmelbrösel
1 TL gemahlener Kreuzkümmel
1 Ei
400 g griechischer Joghurt
schwarzer Pfeffer aus der Mühle
½ Bund Petersilie
500 g Zucchini
4 EL Olivenöl
1 Knoblauchzehe
1 EL Zitronensaft
4 Pitabrötchen

⊳⊳⊳ Für die Falafel die Kichererbsen abgießen und abtropfen lassen. Die Süßkartoffel und die Zwiebel in Würfel schneiden. Die Süßkartoffel in wenig Salzwasser etwa 5 Minuten garen, abgießen und etwas abkühlen lassen. Die Kichererbsen mit Süßkartoffel, Zwiebel, Semmelbröseln, Kreuzkümmel, Ei und 2 Esslöffeln Joghurt in einer Schüssel pürieren. Mit Salz und Pfeffer würzen. Die Petersilienblättchen abzupfen und hacken. Die Hälfte zu der Kichererbsenmischung geben. Kräftig abschmecken.

⊳⊳⊳ Den Backofen auf 200 Grad (Umluft 180 Grad) vorheizen. Die Zucchini in etwa 1 cm breite Stifte schneiden. Würzen, mit 1 Esslöffel Öl vermischen und im vorgeheizten Ofen etwa 25 Minuten backen.

⊳⊳⊳ Die Knoblauchzehe hacken. Den restlichen Joghurt mit dem Knoblauch, dem Zitronensaft und der restlichen Petersilie verrühren. Mit Salz und Pfeffer würzen.

⊳⊳⊳ Die Falafelmasse mit leicht angefeuchteten Händen zu acht Frikadellen formen. Das restliche Öl in einer Pfanne erhitzen und die Frikadellen darin bei mittlerer Hitze von jeder Seite 4–5 Minuten goldbraun braten.

⊳⊳⊳ Die Pitabrötchen toasten, zu Taschen aufschneiden und mit Falafel, gebackener Zucchini und Joghurt füllen und servieren.

***Tipp:** Besonders knusprig werden die Pitabrötchen, wenn sie im Toaster bei mittlerer Temperatur zweimal getoastet werden.*

BAYRISCHE KRAUT-BURGER MIT SÜSSER SENFMAYONNAISE

Zubereitungszeit: 1 Stunde
Für 8 Stück

300 g Weißkohl
200 g Rotkohl
Meersalz
150 g Salatgurke
1 rote Zwiebel
80 g getrocknete Tomaten
½ Bund glatte Petersilie
1 Limette
2 EL Olivenöl
4 EL Apfelessig
1 TL Honig
schwarzer Pfeffer aus der Mühle
1 frisches Ei
2 EL süßer Senf
100 ml Sonnenblumenöl
8 Laugenbrötchen

>>> Für den Krautsalat die äußeren Blätter von Weiß- und Rotkohl entfernen, den Strunk herausschneiden und den Kohl in dünne Streifen hobeln. Mit ½ Teelöffel Salz mischen und mit den Händen gut verkneten. Den Kohl etwa 30 Minuten marinieren lassen.

>>> Die Gurke entkernen und in dünne Streifen schneiden. Die Zwiebel in dünne Scheiben, die Tomaten in dünne Streifen schneiden. Die Petersilienblättchen abzupfen und grob hacken.

>>> Die Limette auspressen und den Saft mit dem Olivenöl, dem Apfelessig und dem Honig verquirlen. Mit Salz und Pfeffer würzen. Gurke, Zwiebel, Tomaten und Petersilie mit dem Kohl in eine Schüssel geben und mit dem Dressing gut vermischen. Salat mit Salz und Pfeffer abschmecken.

>>> Für die Mayonnaise das Ei in einen hohen Rührbecher geben. Das Öl und den süßen Senf zufügen und mit dem Stabmixer aufschlagen, dabei den Mixer im Becher langsam nach oben und unten ziehen. Mit Salz und Pfeffer würzen.

>>> Die Brötchen halbieren und die Schnittfläche in einer Pfanne leicht rösten. Auf die unteren Hälften Krautsalat und Mayonnaise verteilen. Mit den oberen Brötchenhälften bedecken und servieren.

Gut zu wissen: *Kohl ist im Winter, wenn frisches Gemüse rar ist, eine richtige Vitaminbombe. Er hat viel Vitamin C und E, Mineralstoffe, Kalium, Eisen, sekundäre Pflanzenstoffe und Senföle. Rotkohl – auch Rotkraut oder Blaukraut genannt – ändert seine Farbe je nach Bodenbeschaffenheit. Je mehr Essig bei der Zubereitung zugegeben wird, desto kräftiger ist das Rot des fertigen Gerichtes.*

KÄSE-FRENCH TOAST MIT GETROCKNETEN TOMATEN UND FEIGEN

Zubereitungszeit: 30 Minuten
Für 4 Personen

2 rote Zwiebeln
3 EL Butter
2 TL Feigensenf
Meersalz, schwarzer Pfeffer aus der Mühle
Kräuter der Provence
2 frische Feigen
8 getrocknete Tomaten in Öl
8 Scheiben weißes Sandwichbrot
8 Scheiben Gruyère oder Comté
1 Handvoll Jungspinat oder Rucola
2 Eier
80 ml Milch
2 EL frisch gehackte Kräuter (Basilikum, Petersilie, Schnittlauch)

>>> Die Zwiebeln halbieren und in Streifen schneiden. 1 Esslöffel Butter in einer Pfanne erhitzen und die Zwiebeln darin anbraten. Den Feigensenf untermischen, mit Salz, Pfeffer und den Provence-Kräutern würzen.

>>> Die Feigen in Scheiben schneiden. Die Tomaten abtropfen lassen und in Streifen schneiden.

>>> 4 Weißbrotscheiben mit je 1 Scheibe Käse, den Feigen, Tomaten und dem Spinat oder Rucola belegen. Die restlichen Käse- und Weißbrotscheiben darauflegen und fest andrücken.

>>> Die Eier mit der Milch verquirlen und mit Salz und Pfeffer würzen. Die Sandwiches in der Eier-Milch wenden und diese ein wenig aufsaugen lassen. Die restliche Butter in einer Bratpfanne erhitzen und die Sandwiches darin von jeder Seite goldbraun braten, bis das Ei gestockt ist. Aus der Pfanne nehmen, diagonal halbieren und servieren.

***Tipp:** Dieses Sandwich ist eine schnelle Idee, wenn Gäste kommen. Es ist perfekt für ein Picknick, denn es schmeckt auch kalt sehr gut.*

ZUCCHINI-DÖNER MIT WALNUSSPESTO

Zubereitungszeit: 50 Minuten
Für 4 Stück

600 g Zucchini
1 Knoblauchzehe
1 TL Kreuzkümmelsamen, grob im Mörser zerstoßen
4 EL Olivenöl
½ TL Cayennepfeffer
Meersalz, schwarzer Pfeffer aus der Mühle
50 g getrocknete Tomaten in Öl
100 g Walnusskerne
½ Bund Petersilie
½ Bund Basilikum
150 g Ricotta
1 TL Tomatenmark
1 EL Zitronensaft
1 Fladenbrot

>>> Die Zucchini längs in 1 cm dicke Scheiben schneiden. Die Knoblauchzehe hacken. Den Kreuzkümmel mit Olivenöl, Knoblauch, Cayennepfeffer, 1 Teelöffel Salz und Pfeffer vermischen. Die Zucchinischeiben von beiden Seiten mit der Würzpaste bestreichen.

>>> Die eingelegten Tomaten abtropfen lassen, dabei etwa 2 Esslöffel Öl auffangen. Die Walnüsse in einer Pfanne ohne Zugabe von Fett rösten. Die Blättchen von Petersilie und Basilikum abzupfen. Die Walnüsse mit Kräutern, Ricotta, Tomatenmark, dem aufgefangenen Tomatenöl, 2–3 Esslöffeln Wasser und dem Zitronensaft pürieren. Mit Salz und Pfeffer würzen.

>>> Den Backofen auf 180 Grad (Umluft 160 Grad) vorheizen. Eine Grillpfanne erhitzen und die Zucchini darin portionenweise von jeder Seite etwa 2 Minuten anbraten. Herausnehmen. Das Fladenbrot etwa 5 Minuten im vorgeheizten Ofen aufbacken. Das Brot vierteln und jeweils quer eine Tasche einschneiden, dann mit dem Nusspesto bestreichen. Die Brottaschen mit den Tomaten und den Zucchinischeiben füllen und servieren.

VEGAN

Tipp: *Für ein veganes Walnusspesto anstatt des Ricottas 150 g Seidentofu verwenden.*

QUESADILLA-FLADEN VEGAN

Zubereitungszeit: 15 Minuten, Wartezeit: 1 Stunde
Für 6 Stück

300 g Weizenmehl
1 TL Backpulver
1 TL Meersalz
2 EL Olivenöl
Weizenmehl für die Arbeitsfläche

Das Mehl mit Backpulver und Salz in einer Schüssel vermischen. Etwa 180 ml lauwarmes Wasser dazugeben und mit den Knethaken des Handrührgeräts zu einem Teig kneten, der nicht mehr klebrig ist. Den Teig etwa 1 Stunde ruhen lassen.

Den Teig in 12 gleich große Teile teilen und jede Portion auf einer leicht bemehlten Arbeitsfläche zu einem dünnen, handtellergroßen Fladen ausrollen. In einer Bratpfanne etwas Öl erhitzen und die Tortillas darin von beiden Seiten kurze Zeit knusprig braten. Die Fladen bis zur weiteren Verwendung in Folie wickeln.

HOMEMADE BURGER BUNS

Zubereitungszeit: 40 Minuten, Gehzeit: 65 Minuten
Für 10–12 Stück

300 g Weizenmehl
200 g Dinkelmehl
1 TL Meersalz
1 Würfel (42 g) frische Hefe
100 ml Milch
1 Prise Zucker
2 Eier
60 g weiche Butter
1 EL Rahm (Sahne) oder Milch
1 EL helle Sesamsamen
1 TL Schwarzkümmelsamen
Mehl für die Arbeitsfläche

⊳⊳⊳ Die beiden Mehlsorten in eine Schüssel geben und mit dem Salz vermischen. Die Hefe zerbröckeln. Die Milch mit 150 ml warmem Wasser, der Hefe und dem Zucker verrühren. Die Milchmischung etwa 10 Minuten stehen lassen, bis sich kleine Blasen bilden. 1 Ei trennen und das Eigelb beiseitestellen.

⊳⊳⊳ Milch, Butter, das zweite Ei und das Eiweiß zum Mehl geben und alles gut zu einem glatten Teig verkneten. Zugedeckt an einem warmen Ort etwa 45 Minuten gehen lassen.

⊳⊳⊳ Den Backofen auf 200 Grad (Umluft 180 Grad) vorheizen. Den Teig auf einer bemehlten Arbeitsfläche nochmals kurz durchkneten. Aus dem Teig 10–12 runde Brötchen formen und diese auf zwei mit Backpapier ausgelegte Backbleche setzen und zugedeckt weitere 20 Minuten gehen lassen.

⊳⊳⊳ Das Eigelb und den Rahm miteinander verquirlen. Die Brötchen damit bestreichen, mit Sesam und Schwarzkümmel bestreuen und im vorgeheizten Backofen 15–20 Minuten backen. Herausnehmen und auf einem Kuchengitter abkühlen lassen.

RAUCHIGE BBQ-SAUCE

VEGAN

Zubereitungszeit: 15 Minuten
Für 1 Flasche à 300 ml Inhalt

2 Schalotten
2 Knoblauchzehen
1 EL Olivenöl
250 ml Tomatenketchup
2 EL Balsamicoessig
1 EL Apfelmus
1 EL Agavendicksaft
1 TL mittelscharfer Senf
½ TL Rauchsalz
schwarzer Pfeffer aus der Mühle
1 Prise Kräuter der Provence
einige Spritzer Tabasco

__Tipp:__ Die Sauce ist ideal für Burger, Pommes und zum Grillen. Auch als Marinade oder Würze kann sie Gemüse, Bohnen-Burger oder Pilzen Power geben.

>>> Die Schalotten und den Knoblauch fein hacken. Das Öl in einem Topf erhitzen und die Zwiebeln und den Knoblauch darin glasig andünsten. Ketchup, Essig, Apfelmus, Agavendicksaft und den Senf zugeben, alles gut vermischen und 5 Minuten köcheln lassen. Mit dem Stabmixer pürieren und mit Rauchsalz, Pfeffer, Kräutern der Provence und Tabasco abschmecken.

>>> Die Flasche und den Schraubverschluss heiß ausspülen bzw. in kochendes Wasser geben und umgedreht abtropfen lassen. Dann die kochend heiße Sauce mit einem ebenfalls ausgekochten Trichter bis zum Rand einfüllen. Die Flasche fest verschließen, umdrehen und 20 Minuten auf dem Deckel stehen lassen. Die Sauce ist im Kühlschrank 3–4 Wochen haltbar.

Gewürzmischungen

»Exotic Flash« für milde Currys, Linsengerichte und Aufläufe
Je ¼ Teelöffel Koriander-, Senf-, Fenchel-, Kreuzkümmelsamen, schwarze und weiße Pfefferkörner und 2 Kardamomkapseln in einer Pfanne ohne Fett anrösten, bis die Gewürze leicht duften. Die Kardamomkapseln herausnehmen, aufbrechen und die Samen herauslösen. Kardamomsamen und die restlichen gerösteten Gewürze in einem Mörser zerstoßen oder mit einer Mühle mahlen.

»Sweet-Spicy« für pikante Füllungen, scharfe Saucen und Gemüsegerichte
1 getrocknete Chilischote, ½ Teelöffel Koriandersamen, ¼ Teelöffel Szechuanpfeffer- und 4 Pimentkörner in einer Pfanne ohne Fett anrösten, bis die Gewürze leicht anfangen zu duften. Anschließend in einem Mörser zerstoßen oder mit einer Mühle mahlen.

»Kawum-Würz-Rub« für Gemüse, Pilze und Tofu
Je ¼ Teelöffel Koriandersamen, schwarze und weiße Pfefferkörner und Senfsamen in einer Pfanne ohne Fett anrösten, bis die Gewürze leicht anfangen zu duften. Anschließend werden die Gewürze in einem Mörser zerstoßen oder mit einer Mühle gemahlen. Dann mit je ½ Teelöffel geräuchertem Paprikapulver, Rauchsalz, getrocknetem Thymian und ¼ Teelöffel Cayennepfeffer vermischen.

PASTA & PIZZA

Teigvielfalt querbeet

KÜRBIS-AUBERGINEN-PIZZA

Zubereitungszeit: 25 Minuten, Gehzeit: 45 Minuten
Für 4 Personen

400 g Weizenmehl
Meersalz
1 TL brauner Zucker
1 Päckchen Trockenhefe
2 EL Olivenöl
400 g Hokkaidokürbis
2 rote Zwiebeln
200 g Aubergine
50 g Walnusskerne
200 g Crème fraîche
2 EL Dijonsenf
schwarzer Pfeffer aus der Mühle
200 g Schafskäse
einige Zweige Thymian, Blättchen abgezupft
Weizenmehl für die Arbeitsfläche

>>> Das Mehl in eine Schüssel geben. 2 Teelöffel Salz, Zucker, Hefe, Olivenöl und 200 ml lauwarmes Wasser hinzufügen. Mit den Knethaken des Handrührgeräts etwa 5 Minuten kneten. Den Teig mit einem Tuch zugedeckt 45 Minuten an einem warmen Ort gehen lassen, bis sich das Volumen verdoppelt hat.

>>> Den Kürbis entkernen und in dünne Scheiben schneiden. Die Zwiebeln in Ringe schneiden. Die Aubergine halbieren und in dünne Scheiben schneiden. Die Walnüsse grob hacken. Die Crème fraîche mit dem Senf verrühren. Mit Salz und Pfeffer würzen. Den Schafskäse zerkleinern.

>>> Den Backofen auf 200 Grad (Umluft 180 Grad) vorheizen. Ein Backblech (oder zwei Pizzableche von ca. 26 cm Durchmesser) mit Backpapier auslegen. Den Teig auf einer leicht bemehlten Arbeitsfläche kurz durchkneten und auf dem Blech dünn ausrollen. Mit der Crème fraîche bestreichen und Kürbis, Zwiebeln, Auberginenscheiben und Nüsse darauf verteilen. Kräftig würzen. Den Schafskäse darüberstreuen. Die Pizza im vorgeheizten Ofen etwa 30 Minuten backen. Den Thymian vor dem Servieren darüberstreuen.

Tipp: *Dünner oder dicker Pizzaboden? Da gehen die Meinungen auseinander. Der Boden dieser Pizza ist etwas dicker. Die Fans von superdünnem Knusperboden nehmen die halbe Hefemenge und geben dem Teig etwas mehr Zeit zum Aufgehen.*

KERNIGE TOMATEN-LASAGNE

Zubereitungszeit: 1 Stunde
Für 4 Personen

1 Zwiebel
2 Knoblauchzehen
4 Tomaten
2 rote Paprikaschoten
400 g schwarze Bohnen (aus der Dose)
1 EL Olivenöl
3 EL Tomatenmark
Meersalz, schwarzer Pfeffer aus der Mühle
je ½ TL Koriander- und Kreuzkümmelsamen, im Mörser zerstoßen
½ TL Chiliflocken
200 g Mais (aus der Dose)
½ Bund Koriander, Blättchen abgezupft
1 TL Limettensaft
150 g Joghurt
4 Maismehltortillas
1 Bund Rucola
60 g Cheddar, gerieben

⋙ Den Grünkernschrot in der doppelten Menge Salzwasser etwa 20 Minuten garen. Die getrockneten Tomaten in Streifen schneiden und in Wasser einweichen.

⋙ Die Zwiebel und den Knoblauch hacken. Die Aubergine und die Karotten in Würfel schneiden. 2 Esslöffel Öl in einer Bratpfanne erhitzen und erst die Zwiebel und den Knoblauch, dann die Auberginen- und Karottenwürfel darin anbraten. Den Grünkern zufügen und kurz mit anbraten. Die getrockneten Tomaten mit dem Einweichwasser untermischen. Dann die Dosentomaten in die Pfanne geben und alles gut vermischen. Mit Balsamico, Tabasco, Sojasauce, Salz, Pfeffer und Kräutern kräftig abschmecken.

⋙ Das restliche Öl in einem Topf erhitzen. Das Mehl mit einem Schneebesen unterrühren und unter ständigem Rühren nach und nach die Milch zugießen. Mit Salz, Pfeffer und Muskat würzen und die Sauce einmal aufkochen.

⋙ Den Backofen auf 200 Grad (Umluft 180 Grad) vorheizen. 4 Lasagneblätter auf den Boden einer großen gefetteten Auflaufform legen, die Füllung auf den Blättern verteilen, die Hälfte des Schafskäses darübergeben, dann wieder 4 Lasagneblätter darauflegen und wieder die Füllung und den Schafskäse daraufgeben, noch einmal die Blätter und die Füllung daraufgeben und abschließend die Béchamelsauce darübergießen. Im heißen Backofen auf der mittleren Schiene etwa 30 Minuten backen. Den Gouda über die Lasagne streuen und weitere 10–15 Minuten backen.

***Tipp:** Versuchen Sie es auch einmal mit Vollkorn-Lasagneteig. So kommt noch eine Extraportion Ballaststoffe und Eisen dazu.*

MAULTASCHEN MIT LINSENFÜLLUNG UND NUSSBUTTER

Zubereitungszeit: 45 Minuten, Wartezeit: 45 Minuten
Für 4 Personen

340 g Weizenmehl
Meersalz
6 Eier
6 EL Olivenöl
200 g Berglinsen
5 Karotten
2 Zwiebeln
2 Knoblauchzehen
schwarzer Pfeffer aus der Mühle
1 Prise Kümmelsamen, im Mörser zerstoßen
getrockneter Majoran
150 g Ziegenfrischkäse
1 TL frisch gehackte glatte Petersilie
4–6 EL Dinkelsemmelbrösel
4 EL Grieß
200 ml Milch
40 g gemischte Nusskerne (Walnüsse, Haselnüsse, Mandeln etc.)
2 EL Butter
Mehl für die Arbeitsfläche

Tipp: *Die Maultaschen können auch mit Grünkern, klein geschnittenen Pilzen oder Gemüse gefüllt werden.*

>>> Das Mehl und ½ Teelöffel Salz in eine Schüssel geben und eine Mulde hineindrücken. 4 Eier, 4 Esslöffel kaltes Wasser und 2 Esslöffel Öl zufügen. Erst mit den Knethaken des Handrührgeräts, dann mit den Händen zu einem glatten Teig kneten. In Folie wickeln und etwa 45 Minuten ruhen lassen. Inzwischen die Linsen in der doppelten Menge Wasser 20 Minuten weich garen. 2 Karotten grob raspeln. Die Zwiebeln und den Knoblauch hacken.

>>> 2 Esslöffel Öl in einer Pfanne erhitzen, Zwiebeln, Knoblauch und Karotten darin anbraten. Mit Salz, Pfeffer, Kümmel und Majoran würzen. Restliche 2 Eier trennen. 100 g Frischkäse mit Petersilie und den Eigelben glatt rühren, mit Salz und Pfeffer würzen. Linsen, Gemüse und die Frischkäsemasse gründlich mit den Semmelbröseln verkneten. Eiweiße mit einer Gabel verquirlen.

>>> Den Nudelteig auf einer bemehlten Arbeitsfläche dünn zu einem Rechteck von 40 x 20 cm ausrollen. Die Linsenmasse in Portionen auf den Teig geben, mit einer Palette oder einem Esslöffel verteilen und glatt streichen, dabei einen 2 cm breiten Rand frei lassen. Den Rand mit dem verquirlten Eiweiß bestreichen. Die Teigplatte längs zweimal zusammenrollen und leicht flach drücken. Mit etwas Grieß bestreuen und in etwa 2 cm dicke Scheiben schneiden. Die Maultaschen auf ein mit Grieß bestreutes Brett oder einen Teller legen.

>>> Die Maultaschen in zwei Portionen in reichlich kochendem Salzwasser 8–10 Minuten gar ziehen lassen. Abtropfen und auskühlen lassen.

>>> Restliche Karotten in kleine Stifte schneiden. Übriges Öl in einem Topf erhitzen, die Karotten darin andünsten, den restlichen Ziegenfrischkäse sowie die Milch zugeben und 5 Minuten köcheln lassen, mit Salz und Pfeffer abschmecken.

>>> Die Nüsse grob hacken. Die Butter in einer Pfanne schmelzen lassen, die Maultaschen und die Nüsse zugeben und in der Butter schwenken. Mit Salz und Pfeffer würzen. Die Maultaschen mit der Gemüsesauce anrichten und servieren.

GEBRATENE BASILIKUM-GNOCCHI MIT RADICCHIO

Zubereitungszeit: 45 Minuten,
Wartezeit: 30 Minuten
Für 4 Personen

500 g festkochende Kartoffeln
Meersalz
½ Bund Basilikum
150 g Ricotta
2 Eier
100 g Parmesan, gerieben
250 g Weizenmehl
2 Zwiebeln
1 kleine frische rote Chilischote
1 kleiner Radicchio
4 EL Butter
Mehl für die Arbeitsfläche

>>> Die Kartoffeln mit Schale in kochendem Salzwasser etwa 30 Minuten garen. Abgießen und im Topf gut ausdämpfen lassen. Die Kartoffeln schälen und noch heiß durch die Kartoffelpresse in eine Schüssel drücken.

>>> Die Basilikumblättchen abzupfen und hacken, etwas zum Garnieren beiseitestellen. Ricotta, Eier, Basilikum, die Hälfte des Parmesans, Mehl und 1 Teelöffel Salz zu den Kartoffeln in die Schüssel geben. Mit einem Holzlöffel gut verrühren und mit den Händen schnell zu einem glatten Teig kneten. Den Teig etwa 30 Minuten ruhen lassen.

>>> Den Kartoffelteig vierteln und auf einer leicht bemehlten Arbeitsfläche zu gut 1 cm dicken Rollen formen. Die Rollen in etwa 2 cm lange Stücke teilen. Mit der Schnittfläche nach oben legen und mit den Zinken einer Gabel das typische Gnocchi-Muster in die Röllchen drücken. Die Gnocchi in reichlich leicht kochendes Salzwasser geben und etwa 3 Minuten kochen lassen, bis sie an die Oberfläche steigen. Mit einer Schaumkelle herausheben, kalt abspülen und in einem Sieb gut abtropfen lassen.

>>> Die Zwiebeln in Ringe schneiden. Die Chili entkernen und klein schneiden. Den Radicchio in mundgerechte Stücke zupfen.

>>> 2 Esslöffel Butter in einer Bratpfanne erhitzen und die Hälfte der Zwiebelringe darin anbraten. Die Chili und die Hälfte der Gnocchi zufügen und knusprig braten. Die Hälfte des Radicchio zugeben und kurz mitdünsten. Die gebratenen Gnocchi aus der Pfanne nehmen und warm halten. Die restlichen Zutaten ebenso zubereiten oder die Gnocchi gleichzeitig in zwei Pfannen zubereiten. Die Gnocchi mit dem restlichen Parmesan und dem beiseitegelegten Basilikum anrichten und servieren.

Tipp: *Die Gnocchi mit dem Kürbispesto von Seite 72 servieren.*

TÜRKISCHE PIZZAFLADEN MIT LINSEN UND SCHAFSKÄSE

Zubereitungszeit: 20 Minuten, Gehzeit: 30 Minuten
Für 4 Personen

½ Würfel Hefe oder 1 Päckchen Trockenhefe
1 TL Zucker
Meersalz
250 g Weizenmehl oder Weizenvollkornmehl
3 EL Olivenöl
1 rote Zwiebel
1 Knoblauchzehe
400 g braune Linsen (aus der Dose)
4 EL Tomatenmark
schwarzer Pfeffer aus der Mühle
Cayennepfeffer
Sumach
½ TL Kreuzkümmelsamen, im Mörser zerstoßen
getrocknete Minze
200 g Schafskäse
1 Bund glatte Petersilie
½ TL abgeriebene Schale einer unbehandelten Zitrone

▷▷▷ Die Hefe in 150 ml lauwarmes Wasser bröseln. Den Zucker und ½ Teelöffel Salz unterrühren. Das Mehl mit 2 Esslöffeln Olivenöl und mit der Wasser-Hefe-Mischung in eine Schüssel geben. Erst mit den Knethaken des Handrührgeräts, dann mit den Händen zu einem glatten Teig kneten. Etwa 30 Minuten zugedeckt an einem warmen Ort gehen lassen.

▷▷▷ In der Zwischenzeit die Zwiebel und den Knoblauch fein hacken. 1 Esslöffel Öl in einer Pfanne erhitzen und die Zwiebel und den Knoblauch darin andünsten. Die Linsen abgießen und abtropfen lassen, dann mit dem Tomatenmark zu der Zwiebel-Knoblauch-Mischung in die Pfanne geben. Mit 150 ml Wasser auffüllen. Die Linsen kurz köcheln lassen. Mit Salz, Pfeffer, Cayennepfeffer, Sumach, Kreuzkümmel und Minze kräftig würzen.

▷▷▷ Den Backofen auf 200 Grad (Umluft 180 Grad) vorheizen. Den Teig nach dem Gehen noch einmal durchkneten, vierteln und zu vier dünnen Fladen ausrollen. Auf zwei mit Backpapier ausgelegte Bleche legen. Die Linsenmasse auf den Fladen verteilen und glatt streichen, den Rand des Teiges etwas zusammenrollen und die Enden verbinden. Den Schafskäse zerbröseln und über den Pizzen verteilen. Die Pizzen im vorgeheizten Backofen 10–15 Minuten knusprig backen. Die Petersilie fein hacken. Die Fladen aus dem Ofen nehmen und mit der Petersilie und der Zitronenschale bestreut servieren.

Tipp: *Als Alternative kann man auch fertigen Pizzateig aus dem Kühlregal nehmen. Das geht deutlich schneller.*

ONE-POT-AUBERGINEN-ORECCHIETTE

Zubereitungszeit: 25 Minuten
Für 4 Personen

350 g Auberginen
200 g Pfifferlinge
1 Knoblauchzehe
1 kleine frische rote Chilischote
400 g Orecchiette oder kleine, kurze Hartweizennudeln
1 EL Olivenöl
1,2 kg stückige Tomaten (aus der Dose)
Meersalz, schwarzer Pfeffer aus der Mühle
1 TL brauner Zucker
5 Zweige Basilikum
80 g Parmesan, frisch gerieben

⊳⊳⊳ Die Aubergine in Würfel schneiden. Die Pfifferlinge mit einem Papiertuch säubern. Die Knoblauchzehe hacken. Die Chilischote entkernen und ebenfalls hacken.

⊳⊳⊳ Das Gemüse mit Nudeln, Olivenöl, Tomaten, 500 ml Wasser, 2 Teelöffeln Salz, Pfeffer und dem Zucker in einen Topf geben und zusammen unter Rühren aufkochen. Bei mittlerer Hitze 8–10 Minuten garen, bis die Nudeln bissfest sind. Dabei zwischendurch umrühren.

⊳⊳⊳ Die Basilikumblättchen abzupfen und grob hacken. Die Auberginen-Orecchiette mit Salz und Pfeffer abschmecken und mit Basilikum und Parmesan bestreut servieren.

Gut zu wissen: *Mit oder ohne Salz? Das Salzen entzieht der geschnittenen Aubergine die enthaltenen Bitterstoffe. Das ist heute aber nicht mehr so notwendig wie früher, denn neue Auberginensorten sind so gezüchtet, dass sie keine oder kaum mehr Bitterstoffe enthalten. Damit sich das Fruchtfleisch nicht braun verfärbt, reichen ein paar Spritzer Zitronensaft oder Öl.*

SOBA-ROTKOHL-NUDELN MIT ERBSEN UND ERDNÜSSEN

VEGAN

Zubereitungszeit: 20 Minuten
Für 4 Personen

1 Knoblauchzehe
1 Stück (4 cm) frischer Ingwer
1 Chilischote
400 g Rotkohl
1 Bund Frühlingszwiebeln
2 EL Sesamöl
200 g grüne Erbsen oder Edamame-Bohnen
1 EL Agavendicksaft
3 EL Limettensaft
5 EL Sojasauce
Meersalz, schwarzer Pfeffer aus der Mühle
300 g Sobanudeln
½ Bund Koriander
50 g Erdnüsse, geröstet

>>> Den Knoblauch und den Ingwer fein hacken. Die Chilischote entkernen und in Ringe schneiden. Den Rotkohl in feine Streifen schneiden. Die Frühlingszwiebeln in Stücke schneiden.

>>> Das Öl in einer Pfanne erhitzen und den Knoblauch, den Ingwer und die Chili darin kurz andünsten. Den Rotkohl und das Weiße der Frühlingszwiebel zugeben und 5–8 Minuten unter gelegentlichem Rühren dünsten. Dann die Erbsen oder Edamame-Bohnen und das Grüne der Frühlingszwiebeln zugeben und kurz mit andünsten. Den Agavendicksaft zugeben und leicht karamellisieren lassen. Das Gemüse mit dem Limettensaft und der Sojasauce ablöschen und mit Salz und Pfeffer abschmecken.

>>> Die Sobanudeln nach Packungsanweisung etwa 5 Minuten bissfest garen. Die Nudeln abgießen, abtropfen lassen und zum Gemüse geben. Vermengen und noch einmal abschmecken. Den Koriander hacken. Die Nudeln mit dem Koriander und mit den gerösteten Nüssen bestreut servieren.

Gut zu wissen: *Sobanudeln sind dünne, braungraue Nudeln aus Buchweizen, die aus der traditionellen japanischen Küche stammen. In Japan werden sie je nach Jahreszeit separat in einer Schale zu einer heißen oder kalten Brühe serviert.*

CHEESY-NUDEL-CHILI-AUFLAUF

Zubereitungszeit: 30 Minuten
Für 4 Personen

300 g Maccheroncini (lange, dünne Hohlnudeln) oder Cellentani (Korkenzieherform)
Meersalz
1 Zwiebel
2 Knoblauchzehen
4 reife Tomaten oder 400 g Tomaten (aus der Dose)
1 kleine Zucchini
1 kleine Aubergine
je 2 Zweige Thymian und Rosmarin
2 Kugeln Büffelmozzarella
4 EL Olivenöl
1½ TL Chiliflocken
2–3 EL Tomatenmark
1 EL Rotwein- oder Balsamicoessig
100 ml Rahm (Sahne)
200 g Cheddar, gerieben
100 g Parmesan, frisch gerieben
50 g Semmelbrösel

⊳⊳⊳ Den Backofen auf 200 Grad (Umluft 180 Grad) vorheizen. In einem großen Topf die Nudeln in kochendem Salzwasser etwa 7 Minuten sehr bissfest garen. Abgießen und abtropfen lassen. Die Zwiebel und den Knoblauch hacken. Das Gemüse in Würfel schneiden. Die Kräuter fein hacken. Den Mozzarella in dünne Scheiben schneiden.

⊳⊳⊳ Das Öl in einer großen Pfanne erhitzen und die Zwiebel und den Knoblauch darin glasig dünsten. Die Auberginen- und Zucchiniwürfel und 1 Teelöffel Chiliflocken zugeben und etwa 10 Minuten weiterdünsten. Die Tomaten und das Tomatenmark zugeben und 5 Minuten dünsten. Mit dem Essig ablöschen, 100 ml Wasser, den Rahm und die gehackten Kräuter zugeben. Die Nudeln unter die Gemüsesauce mischen und mit Salz und Pfeffer kräftig würzen.

⊳⊳⊳ Die Hälfte der Nudeln in eine große Auflaufform geben und mit der Hälfte der Mozzarellascheiben und der Hälfte des Cheddar belegen. Dann die restlichen Nudeln darübergeben und mit dem Rest Mozzarella und Cheddar bedecken. Den Parmesan mit den Semmelbröseln und den restlichen Chiliflocken vermischen, über den Käse streuen und andrücken. Den Auflauf etwa 15 Minuten im vorgeheizten Ofen backen, bis er eine goldbraune Kruste hat.

KRAUTWÜRZIGE KÄSESPÄTZLE MIT HASELNUSS-RÖSTZWIEBELN

Zubereitungszeit: 20 Minuten, Wartezeit: 30 Minuten
Für 4 Personen

300 g Weizenmehl
4 EL fein gehackte Kräuter (Petersilie, Schnittlauch, Basilikum)
3 Eier
Meersalz
3–4 rote Zwiebeln
2 EL Olivenöl
50 g Haselnüsse, grob gehackt
2 Zweige Thymian, Blättchen abgezupft
200 g Bergkäse, frisch gerieben

>>> Für die Spätzle das Mehl, die Kräuter, die Eier und ¼ Teelöffel Salz verrühren. Nach und nach 250 ml Wasser zum Mehl geben und kräftig rühren, bis ein glatter und zähflüssiger Teig entsteht, der Blasen schlägt. Zugedeckt etwa 30 Minuten kühl stellen.

>>> Die Zwiebeln halbieren und dann in halbe Streifen schneiden. Das Öl in einer Pfanne erhitzen und die Zwiebeln darin anbraten. Die Nüsse und den Thymian zugeben und mit anbraten.

>>> In der Zwischenzeit etwa 2 Liter Salzwasser zum Kochen bringen. Den Spätzleteig vom Brett oder durch die Spätzlepresse oder -reibe in das kochende Wasser schaben bzw. geben und ziehen lassen, bis die Spätzle oben schwimmen. Die Spätzle mit einem Schaumlöffel herausnehmen, mit kaltem Wasser abschrecken und abtropfen lassen.

>>> Den Backofen auf 200 Grad (Umluft 180 Grad) vorheizen. Die Hälfte der Spätzle in eine Auflaufform geben, die Hälfte der Zwiebeln und des Käses darüber verteilen, dann noch einmal die restlichen Spätzle, Zwiebeln und den restlichen Käse daraufgeben. Die Käsespätzle im vorgeheizten Ofen etwa 10 Minuten goldgelb überbacken.

Variante: *Vollwertiger werden die Spätzle, wenn Sie Vollkornmehl oder Weizenmehl mit Type 1150 verwenden.*

Tipp: *Haben Sie keine Spätzlepresse oder Spätzlebrett zu Hause, können Sie den Teig auch mit einer Kelle auf ein kleines Brett geben, das Brett am Topfrand ablegen und mit einem Teigschaber kleine Spätzlenudeln abstechen.*

GEFÜLLTE MUSCHELNUDELN

Zubereitungszeit: 45 Minuten
Für 4 Personen

400 g Muschelnudeln
Meersalz
500 g Zucchini
200 g Spinat
4 Schalotten
4 EL Butter
schwarzer Pfeffer aus der Mühle
4 EL Weizenmehl
400 ml Milch
frisch geriebene Muskatnuss
5 Zweige Salbei
200 g mittelalter Gouda, frisch gerieben

>>> Die Nudeln in reichlich Salzwasser in etwa 8 Minuten bissfest garen. Abgießen und kalt abspülen. Erkalten lassen. Die Zucchini grob reiben. Den Spinat hacken. Die Schalotten würfeln.

>>> Die Hälfte der Butter in einem Topf schmelzen und die Schalotten und den Spinat darin kurz andünsten. Die Zucchiniraspel dazugeben und alles vermischen. Mit Salz und Pfeffer würzen. Die Muschelnudeln mit der Zucchinimischung füllen und in eine Auflaufform geben. Den Backofen auf 200 Grad (Umluft 180 Grad) vorheizen.

>>> Die restliche Butter in einem Topf erhitzen. Das Mehl hinzufügen und leicht bräunen lassen. Die Milch nach und nach mit einem Schneebesen unterrühren. Die Sauce unter Rühren kurz aufkochen. Mit Salz, Pfeffer und Muskat abschmecken.

>>> Die Salbeiblättchen abzupfen und klein schneiden. Die Béchamelsauce über die Nudeln gießen. Alles mit dem Salbei und dem Käse bestreuen und im vorgeheizten Ofen etwa 20 Minuten backen, bis der Käse goldbraun geschmolzen ist.

Gut zu wissen: *Salbei sollte aufgrund seiner starken Würzkraft sparsam verwendet werden. Die Blätter enthalten ein ätherisches Öl, das für den balsamartigen Geruch und den würzigen Geschmack sorgt und antibakteriell wirkt. Salbei enthält Gerbstoffe, die die Verdauung unterstützen.*

Tipp: *Die Nudeln können auch mit Auberginen, Tomaten oder Mangold gefüllt werden.*

ROTE-BETE-FLADEN MIT WIRSING UND ZIEGENKÄSE

Zubereitungszeit: 25 Minuten,
Gehzeit: 45 Minuten
Für 4 Stück

300 g Weizenmehl
Meersalz
1 TL brauner Zucker
½ Würfel (21 g) frische Hefe
6 EL Olivenöl
50 g Pinienkerne
2 Rote-Bete-Knollen (vakuumiert)
2 Knoblauchzehen
100 g Parmesan, grob gerieben
½ TL geräuchertes Paprikapulver
1 EL Zitronensaft
schwarzer Pfeffer aus der Mühle
100 g Wirsing
200 g Ziegenkäse (Weichkäse, z. B. Picandou)
Weizenmehl für die Arbeitsfläche

⋙ Das Mehl in eine Schüssel geben. 1 Teelöffel Salz und den Zucker hinzufügen. Die Hefe zerbröckeln und mit 150 ml lauwarmem Wasser verrühren, bis sie aufgelöst ist. Die Hefemischung mit 1 Esslöffel Olivenöl zum Mehl geben und mit den Knethaken des Handrührgeräts etwa 3 Minuten zu einem Teig kneten. Den Teig mit einem Tuch zugedeckt etwa 45 Minuten an einem warmen Ort gehen lassen, bis sich sein Volumen verdoppelt hat.

⋙ Für den Belag die Pinienkerne in einer Pfanne ohne Fett rösten. Die Rote-Bete-Knollen würfeln. Rote Bete, Pinienkerne, Knoblauch, die Hälfte des Parmesans, das Paprikapulver und den Zitronensaft mit dem restlichen Öl pürieren. Das Pesto mit Salz und Pfeffer würzen.

⋙ Den Backofen auf 200 Grad (Umluft 180 Grad) vorheizen. Ein Backblech mit Backpapier auslegen. Den Wirsing zerteilen und die Blätter in Streifen schneiden.

⋙ Den Teig auf einer leicht bemehlten Arbeitsfläche durchkneten und in vier Portionen teilen. Die Portionen dünn ausrollen. Auf das Backblech legen. Mit dem Pesto bestreichen. Den Ziegenkäse in Stücke teilen. Die Fladen mit dem Wirsing und dem Ziegenkäse belegen. Mit dem restlichen Parmesan bestreuen und die Fladen im vorgeheizten Ofen etwa 20 Minuten überbacken.

Gut zu wissen: *Rote Bete (Rande) ist nicht nur supergesund, sondern auch richtig lecker. Der Farbstoff Betanin färbt die Knollen nicht nur rot, er schützt auch Zellen und Gefäße. Am besten mit Einmalhandschuhen arbeiten, denn der Saft färbt gnadenlos alles ein. Für Eilige sind die schon fertig gegarten und vakuumierten Knollen perfekt.*

Tipp: *Mögen Sie den Teig noch herzhafter? Dann verwenden Sie Weizenvollkornmehl, das schmeckt nussiger und enthält zudem viele Vitamine, Mineralstoffe und Ballaststoffe.*

PESTO

Frische Kräuter, Erbsen und Bohnen können ganz fix mit Öl zu einem aromatischen Pesto gemixt werden. Ideal zu Pasta, als Dip oder Brotaufstrich.

ERBSEN-MINZ-PESTO

Zubereitungszeit: 20 Minuten
Für 4 Personen

Tipp: *Schmeckt auch toll mit dicken grünen Bohnen.*

▷▷▷ 100 g grüne Erbsen (frisch aus der Hülse gelöst oder tiefgefroren) in etwas Wasser 5–7 Minuten weich garen, abgießen und abkühlen lassen. 1 Knoblauchzehe klein schneiden. 3 Zweige Minze grob schneiden. Erbsen, Knoblauch, 1 Esslöffel geröstete Mandelkerne, 1 Esslöffel geriebenen Pecorinokäse und 130 ml Olivenöl mit dem Stabmixer pürieren. Mit Salz und Pfeffer würzen.

PETERSILIENPESTO VEGAN

Zubereitungszeit: 20 Minuten
Für 4 Personen

▷▷▷ 40 g Cashewkerne ohne Fett in einer Pfanne rösten. 1 Bund glatte Petersilie grob zerkleinern. Cashewkerne, Petersilie, 2 geschälte Knoblauchzehen und 120 ml Olivenöl mit dem Stabmixer pürieren und mit Salz und Pfeffer würzen.

NUSSIGES KÜRBISPESTO

Zubereitungszeit: 20 Minuten
Für 4 Personen

Tipp: *Das Kürbispesto in ein Schraubglas füllen und fest verschließen. Im Kühlschrank hält es so mindestens 1 Woche.*

▷▷▷ 250 g Hokkaidokürbis entkernen und in kleine Würfel schneiden. 1 Esslöffel Walnussöl in einer Pfanne erhitzen und den Kürbis etwa 5 Minuten darin dünsten, dann etwas abkühlen lassen.
50 g Walnusskerne in einer Pfanne ohne Fett rösten. Kürbis, Walnüsse, 150 ml Walnussöl, 1 geschälte Knoblauchzehe und 1 Teelöffel Chiliflocken mit dem Stabmixer pürieren. Es darf ruhig ein wenig stückig sein. 50 g Parmesan reiben und unterrühren. Das Pesto mit Salz und Pfeffer abschmecken. Zum Schluss 1 Esslöffel Kürbiskernöl darüberträufeln.

Gut zu wissen: *Hokkaidokürbis ist mit einem Gewicht von einem bis zwei Kilogramm im Verhältnis zu anderen Kürbissen eher klein. Er schmeckt leicht nussig und ist vielseitig verwendbar. Das Beste aber ist, dass Hokkaido vor dem Verzehr nicht geschält werden muss, denn die Schale kann man ohne Bedenken mitessen.*

KLASSIKER IN DER VEGGIE-VARIANTE

Traditionelle Lieblingsessen

KARTOFFEL-KÜRBIS-RÖSTI MIT RAHMGEMÜSE

Zubereitungszeit: 40 Minuten,
Wartezeit: 1 Tag
Für 4 Personen

1 kg festkochende Kartoffeln
300 g Hokkaidokürbis
2 Zwiebeln
2 Eier
Meersalz, schwarzer Pfeffer aus der Mühle
frisch geriebene Muskatnuss
2 Stangen Lauch
1 unbehandelte Limette
2 EL Olivenöl
300 ml Rahm (Sahne)
100 g Schmelzkäse
4 EL Butterschmalz

>>> Am Tag vorher die Kartoffeln mit Schale etwa 15 Minuten halb gar kochen. Die Kartoffeln abgießen, abkühlen lassen, schälen und zugedeckt beiseitestellen.

>>> Am nächsten Tag die Kartoffeln grob raspeln. Den Kürbis entkernen und grob raspeln. Die Zwiebeln klein würfeln.
Die Kartoffeln mit dem Kürbis, den Zwiebeln und den Eiern verrühren. Mit Salz, Pfeffer und Muskat würzen.

>>> Den Lauch in Ringe schneiden. Die Limette heiß waschen, abtrocknen, die Schale abreiben und die Frucht auspressen.
Das Öl in einer Pfanne erhitzen und den Lauch darin kurz anbraten. Den Rahm, den Schmelzkäse sowie Limettenschale und -saft zugeben. Das Gemüse mit Salz und Pfeffer würzen.

>>> Jeweils 1 Esslöffel Butterschmalz in zwei beschichteten Pfannen (24 cm Durchmesser) erhitzen. Den Kartoffelteig darin jeweils zu einem Fladen formen, fest auf den Pfannenboden drücken und bei mittlerer Hitze etwa 6 Minuten braten.
Die Rösti jeweils auf einen Teller gleiten lassen. Das restliche Butterschmalz in den Pfannen erhitzen, die Rösti umgedreht zurück in die Pfannen geben und auf der zweiten Seite weitere 6 Minuten fertig braten. Die Rösti in Stücke teilen und mit dem Lauchrahm servieren.

Gut zu wissen: *Rösti in verschiedenen Varianten ist ein Schweizer Nationalgericht. Sie wird wahlweise aus rohen oder gekochten Kartoffeln gemacht. In diesem Rezept haben wir eine eigene Mischung aus Rösti und Kartoffelpuffer gemacht, denn klassisch kommen keine Eier in die Rösti.*

Tipp: *Im Sommer schmeckt die Rösti anstatt mit Kürbis auch mit Zucchini, Spinat oder Bärlauch.*

SZEGEDINER KARTOFFELGULASCH MIT PANIERTEN AUBERGINENSCHEIBEN

Zubereitungszeit: 30 Minuten
Für 4 Personen

2 Zwiebeln
2 Knoblauchzehen
600 g festkochende Kartoffeln
2 Karotten
6 EL Olivenöl
4 EL Tomatenmark
200 ml naturtrübes Bier
600 ml Gemüsebrühe
2 Lorbeerblätter
je 4 Piment- und schwarze Pfefferkörner
2 Auberginen
6 EL Semmelbrösel
Meersalz, schwarzer Pfeffer aus der Mühle
Kräuter der Provence
400 g Sauerkraut
4 EL frisch gehackte glatte Petersilie
¼ TL getrockneter Majoran
¼ TL Kümmelsamen, im Mörser zerstoßen
¼ TL Cayennepfeffer
4 EL Crème fraîche

>>> Die Zwiebeln und den Knoblauch hacken. Die Kartoffeln und die Karotten in 1 cm große Würfel schneiden.

>>> 2 Esslöffel Öl in einer großen Pfanne erhitzen und die Kartoffeln darin etwa 5 Minuten anbraten, bis sie leicht braun werden. Die Zwiebeln und den Knoblauch zugeben und weiter anbraten. Das Tomatenmark zugeben und karamellisieren lassen. Wenn das Tomatenmark leicht angebräunt ist, mit dem Bier ablöschen und einkochen lassen. Die Gemüsebrühe zugießen und den Lorbeer sowie die Piment- und Pfefferkörner zugeben und alles zugedeckt etwa 15 Minuten köcheln lassen.

>>> Die Auberginen längs in dünne Scheiben schneiden. Semmelbrösel auf einen Teller geben und die Scheiben darin wenden. Das restliche Öl in einer Grillpfanne erhitzen und die Auberginen darin beidseitig goldbraun anbraten. Mit Salz, Pfeffer und Kräutern würzen und in einer Auflaufform im Ofen warm halten.

>>> Das Sauerkraut und die Hälfte der Petersilie zum Gulasch geben. Gulasch mit Salz, Pfeffer, Majoran, Kümmel und Cayennepfeffer abschmecken. Piment- und Pfefferkörner sowie den Lorbeer aus der Sauce nehmen. Das Gulasch mit den Auberginen, der Crème fraîche und der restlichen Petersilie servieren.

***Tipp:** Falls Kinder mitessen, können Sie anstelle von Bier auch die alkoholfreie Variante Malzbier verwenden. Das Gericht bekommt durch den darin enthaltenen Malzzucker einen etwas süßlicheren Charakter.*

LINSEN-FRIKADELLEN MIT SCHAFSKÄSE AUF PAPRIKAGEMÜSE

Zubereitungszeit: 40 Minuten
Für 4 Personen

200 g rote Linsen
1 Zwiebel
1 Knoblauchzehe
4 EL Olivenöl
180 g Schafskäse
1 Ei
8 EL Semmelbrösel
Meersalz, schwarzer Pfeffer aus der Mühle
Kräuter der Provence
Cayennepfeffer
4 EL Olivenöl
je 1 rote und gelbe Paprikaschote
2–3 Zweige Minze
200 g Joghurt

>>> Die Linsen etwa 15 Minuten in der doppelten Menge Wasser weich garen, abgießen und abkühlen lassen. Die Zwiebel und den Knoblauch hacken. 1 Esslöffel Öl in einem Topf erhitzen und die Zwiebel und den Knoblauch darin glasig dünsten. Den Schafskäse in Würfel schneiden.

>>> Die Linsen mit Zwiebel, Knoblauch, Ei, Schafskäse und Semmelbröseln gut verkneten. Die Masse mit Salz, Pfeffer, Kräutern und Cayennepfeffer würzen. Aus der Masse acht Frikadellen formen, dabei erst Kugeln drehen und diese dann platt drücken. 2 Esslöffel Öl in einer Bratpfanne erhitzen und die Frikadellen darin etwa 10 Minuten anbraten und im Ofen warm halten.

>>> Die Paprikaschote in Stücke schneiden. Das restliche Öl (1 Esslöffel) in einer Pfanne erhitzen und die Paprikastücke darin anbraten. Mit Salz, Pfeffer und Provence-Kräutern würzen. Die Minze fein hacken. Den Joghurt mit der Minze mischen und mit Salz und Pfeffer würzen. Das Paprikagemüse mit den Frikadellen und dem Dip servieren.

Gut zu wissen: *Linsen gibt es in verschiedenen Farben und mit unterschiedlichen Kochzeiten. Die roten Linsen schmecken mild und garen in einer Kochzeit von etwa 15 Minuten nur kurz. Da sie leicht zerfallen, eignen sie sich besonders gut für Bratlinge, Bällchen, Suppen und Füllungen. Alle Linsen enthalten reichlich Eiweiß, Kohlenhydrate und Ballaststoffe. Außerdem sind reichlich Vitamine der B-Gruppe und Eisen enthalten.*

WÜRZIGES SCHMORKRAUT MIT BERGKÄSE UND TOFU-PETERSILIEN-TOPPING

Zubereitungszeit: 35 Minuten
Für 4 Personen

800 g Weißkohl
2 rote Zwiebeln
4 EL Butter
2 EL Rohrzucker
2 EL Tomatenmark
2 EL weißer Balsamicoessig
200 ml Gemüsebrühe
Meersalz, schwarzer Pfeffer aus der Mühle
Kümmelsamen, im Mörser zerstoßen
getrockneter Majoran
Cayennepfeffer
200 g Crème fraîche
100 g Bergkäse
200 g Räuchertofu
2 EL Olivenöl
1 Bund glatte Petersilie
8 Scheiben Bauernbrot

⋙ Vom Kohlkopf die äußeren Blätter entfernen. Den Kopf vierteln, den Strunk herausschneiden und den Kohl in Streifen schneiden. Die Zwiebeln halbieren, dann in Streifen schneiden.

⋙ Die Butter in einer Pfanne schmelzen, die Zwiebeln zugeben und kurz andünsten. Den geschnittenen Kohl, den Zucker und das Tomatenmark dazugeben und unter ständigem Rühren leicht karamellisieren lassen. Mit dem Essig ablöschen und etwas einkochen lassen. Die Gemüsebrühe angießen, mit Salz, Pfeffer, Kümmel, Majoran und Cayennepfeffer kräftig würzen und den Kohl 10–15 Minuten bissfest garen. Anschließend die Crème fraîche untermischen. Den Bergkäse in Würfel schneiden, zu dem Kraut geben und zerfließen lassen.

⋙ In der Zwischenzeit den Räuchertofu in kleine Würfel schneiden. Das Öl in einer Bratpfanne erhitzen und den Tofu darin kräftig goldbraun anbraten. Die Petersilie hacken, zu dem Tofu geben und mit Salz und Pfeffer würzen. Das Kraut mit dem Tofu anrichten und mit dem Brot servieren.

KÖNIGSBERGER KLÖSSCHEN MIT KAPERNSAUCE UND STANGENBOHNEN

Zubereitungszeit: 40 Minuten
Für 4 Personen

200 g Grünkernschrot
2 Zwiebeln
2 Knoblauchzehen
8 EL Olivenöl
2 EL Weizenmehl
300 ml Milch
200 ml Rahm (Sahne)
6 EL Kapern mit Kapernflüssigkeit
2 EL Zitronensaft
Meersalz, schwarzer Pfeffer aus der Mühle
1 Ei
8 EL Semmelbrösel
getrockneter Majoran
Paprikapulver
600 g Stangenbohnen
gemahlener Kümmel
4 TL frisch gehackter Dill

⋙ Den Grünkernschrot 15–20 Minuten in der doppelten Menge kochenden Wassers weich garen, abgießen und abkühlen lassen. Die Zwiebeln und den Knoblauch hacken.

⋙ 2 Esslöffel Öl in einem Topf erhitzen, Zwiebeln und Knoblauch darin glasig dünsten. Die Hälfte für die Klößchen herausnehmen. Die andere Hälfte im Topf mit dem Mehl bestäuben und kurz weiterdünsten. Die Milch dazugeben, mit einem Schneebesen glatt rühren und etwa 5 Minuten kochen lassen. Vom Herd nehmen und den Rahm, die Kapern samt Flüssigkeit und den Zitronensaft zugeben und die Sauce mit Salz und Pfeffer abschmecken.

⋙ Den Grünkern mit der beiseitegestellten Hälfte Zwiebeln und Knoblauch sowie dem Ei und den Semmelbröseln gut verkneten. Die Masse mit Salz, Pfeffer, Majoran und Paprikapulver würzen und 16–20 kleine Klößchen daraus formen. 4 Esslöffel Öl in einer großen Bratpfanne erhitzen und die Klößchen darin etwa 10 Minuten anbraten und im Ofen warm halten.

⋙ Die Bohnen schräg in Stücke schneiden und mit etwas Wasser zugedeckt in einem Topf 6–8 Minuten bissfest dünsten, dann abgießen. Das restliche Öl (2 Esslöffel) in einer Pfanne erhitzen und die Bohnen darin kurz andünsten, mit Salz, Pfeffer und Kümmel würzen. Die Klößchen mit Dill bestreuen und mit den Bohnen und der Sauce servieren.

***Tipp:** Statt Bohnen passen hier auch Brokkoli oder Romanesco dazu.*
Die Klößchen können ebenfalls variieren. Sie schmecken auch aus Hirse, Linsen oder pürierten Kichererbsen.

SESAM-PILZ-NUGGETS MIT ERBSENSTAMPF UND SENFSAUCE

Zubereitungszeit: 30 Minuten
Für 4 Personen

400 g Kartoffeln
Meersalz
500 g TK-Erbsen
2 Zwiebeln
2 Knoblauchzehen
1 unbehandelte Zitrone
6 EL Olivenöl
2 EL Mehl
200 ml Milch
200 ml Rahm (Sahne)
1 TL Senfsamen, im Mörser zerstoßen
4 EL Senf
400 g Kräuterseitlinge
2 Eier
6 EL Sesamsamen
4 EL Semmelbrösel

>>> Die Kartoffeln klein schneiden und in kochendem Salzwasser weich garen, anschließend zerstampfen. Die Erbsen mit etwa 100 ml kochendem Salzwasser 6–8 Minuten garen, abgießen und mit dem Stabmixer pürieren. Die Kartoffeln zu den Erbsen geben und vermischen. Die Zwiebeln und den Knoblauch hacken. Die Zitrone heiß abspülen, abtrocknen, die Schale abreiben und die Frucht auspressen.

>>> 3 Esslöffel Öl in einem Topf erhitzen und die Zwiebeln und den Knoblauch darin glasig dünsten. Die Hälfte herausnehmen und zu dem Stampf geben. Den Erbsenstampf mit Salz, Pfeffer und der Hälfte von Zitronenschale und -saft abschmecken.

>>> Den Rest der Zwiebelmischung mit dem Mehl bestäuben und kurz weiterdünsten. Dann die Milch dazugeben, mit einem Schneebesen glatt rühren und etwa 5 Minuten kochen lassen. Vom Herd nehmen und den Rahm, die Senfsamen und den Senf zugeben. Mit dem Rest Zitronenschale und -saft, Salz und Pfeffer abschmecken.

>>> Die Pilze in Stücke schneiden oder halbieren. Die Eier in einem tiefen Teller aufschlagen, mit Salz und Pfeffer verquirlen. In einen zweiten tiefen Teller Sesam und Semmelbrösel geben und vermischen. Die Pilze erst in das Ei geben und dann in den Bröseln wälzen und panieren.

>>> Das restliche Öl (3 Esslöffel) in einer Pfanne erhitzen und die Pilze darin von allen Seiten etwa 7 Minuten goldbraun anbraten. Den Stampf mit der Sauce und den Pilzen servieren.

SÜSSKARTOFFEL-KICHERERBSEN-PIE VEGAN

Zubereitungszeit: 40 Minuten
Für 4 Personen

2 kleine Süßkartoffeln
2 mittelgroße Kartoffeln
Meersalz
4 EL Olivenöl
schwarzer Pfeffer aus der Mühle
1 Zwiebel
2 Knoblauchzehen
4 Karotten
4–5 Tomaten
400 g Kichererbsen (aus der Dose)
2–3 EL Tomatenmark
100 ml Pflanzenrahm (Reis- oder Hafer-Cuisine)
100 g junger Spinat
je ½ TL Koriander- und Kreuzkümmelsamen, im Mörser zerstoßen
Chiliflocken
getrockneter Thymian
40 g Semmelbrösel
2 Zweige frischer Rosmarin, gehackt
1 unbehandelte Zitrone, abgeriebene Schale
2 EL frisch gehackte glatte Petersilie

⊳⊳⊳ Die Süßkartoffeln und die Kartoffeln klein schneiden und in kochendem Salzwasser etwa 10 Minuten weich garen. Das Wasser abgießen und die Kartoffeln mit 2 Esslöffeln Öl zerstampfen. Mit Salz und Pfeffer würzen.

⊳⊳⊳ Die Zwiebel und den Knoblauch hacken. Die Karotten und die Tomaten in kleine Würfel schneiden. 2 Esslöffel Öl in einer Pfanne erhitzen und die Zwiebel und den Knoblauch darin glasig dünsten. Die Karotten zugeben und etwa 7 Minuten andünsten. Dann die Kichererbsen abgießen, zu dem Gemüse geben und kurz mit andünsten. Die Tomatenwürfel und das Tomatenmark zugeben und etwa 5 Minuten weitergaren. 100 ml Wasser, den Rahm und den Spinat hinzufügen und alles gut vermischen. Das Gemüse mit Koriander, Kreuzkümmel, Chiliflocken, Thymian, Salz und Pfeffer würzen.

⊳⊳⊳ Den Backofen auf 200 Grad (Umluft 180 Grad) vorheizen. Das Kichererbsengemüse in eine große Auflaufform geben. Die Kartoffeln über das Gemüse streichen, mit den Semmelbröseln und dem Rosmarin bestreuen. Im vorgeheizten Ofen etwa 10 Minuten goldgelb backen. Aus dem Ofen nehmen, mit der Zitronenschale und der Petersilie bestreuen und servieren.

***Tipp:** Dazu passt ein grüner Salat aus Kopf-, Feld- und Endiviensalat. Für das Dressing 200 g Joghurt oder Sojajoghurt, 1 TL Zitronensaft, 1 TL Agavendicksaft und 1 TL Senf vermischen und mit Salz und Pfeffer abschmecken.*

PILZGYROS MIT TZATZIKI UND PAPRIKAREIS

Zubereitungszeit: 40 Minuten
Für 4 Personen

600 g Pilze (Kräuterseitlinge, Champignons)
je 1 TL Koriander- und Kreuzkümmelsamen, im Mörser zerstoßen
1 TL Kräuter der Provence
je 1 TL Paprikapulver und Rauchsalz
1 Msp. Zimt
2 Knoblauchzehen
8 EL Olivenöl
200 g Parboiled Reis
½ Salatgurke
400 g Joghurt
Meersalz, schwarzer Pfeffer aus der Mühle
2 rote Paprikaschoten
1 Zwiebel
4 EL Ajvar

⋙ Die Pilze in Scheiben schneiden und in eine Schüssel geben. Die Gewürze miteinander vermischen. Den Knoblauch fein hacken, 1 Zehe beiseitelegen. Die Gewürzmischung, den Knoblauch sowie 6 Esslöffel Öl zu den Pilzen geben, mischen und etwa 20 Minuten ziehen lassen.

⋙ Den Reis nach Packungsanweisung kochen, abgießen und abtropfen lassen. Für das Tzatziki die Gurke grob raspeln. Den restlichen Knoblauch und die Gurke zum Joghurt geben. Mit Salz und Pfeffer abschmecken.

⋙ Für den Reis die Paprikaschoten würfeln, die Zwiebel schälen und hacken. Die Zwiebel in 2 Esslöffeln Öl andünsten, die Paprikawürfel zugeben und anbraten, den Reis und das Ajvar untermischen und mit Salz und Pfeffer würzen.

⋙ Die Pilze in einer heißen Bratpfanne kräftig anbraten. Das Pilzgyros mit Tzatziki und Paprikareis servieren.

Gut zu wissen: *Ajvar ist eine pikante Würzpaste aus Paprika, die ursprünglich aus dem Balkan stammt. Sie verleiht Dips, Saucen wie auch Brotaufstrichen Würze und einen sanft rauchigen Geschmack. Erhältlich in vielen Supermärkten oder in türkischen Lebensmittelgeschäften.*

GRILLEN

Neues vom Rost

GEGRILLTE HALLOUMI-SCHASCHLIK-SPIESSE

Zubereitungszeit: 30 Minuten,
Wartezeit: 30 Minuten
Für 8 Stück

8 Champignons
1 rote Paprikaschote
16 Cocktailtomaten
1 rote Zwiebel
200 g Brokkoli
1 Zucchini
200 g Halloumikäse
4 EL Olivenöl
4 EL Sojasauce
2 TL Tabasco
schwarzer Pfeffer aus der Mühle
½ TL getrockneter Thymian
4 EL Spicy Grill-Sauce von Seite 109

⊳⊳⊳ Acht Holzspieße in Wasser legen. Das Gemüse in mundgerechte Stücke schneiden bzw. die Zwiebeln erst halbieren und dann in einzelne Schichten teilen. Den Halloumikäse in Würfel schneiden.

⊳⊳⊳ Das Gemüse und den Käse abwechselnd auf die Spieße stecken. Das Öl mit Sojasauce, Tabasco, Thymian, Salz und Pfeffer vermischen und die Spieße damit etwa 30 Minuten marinieren.

⊳⊳⊳ Die Spieße auf dem Grill von allen Seiten 7–10 Minuten grillen oder in einer Grillpfanne braten. Die Spieße zusammen mit der Grillsauce servieren.

Gut zu wissen: *Falls Sie keinen Halloumikäse bekommen, können Sie auch auf Feta zurückgreifen. Der salzig-kräftige Geschmack von Feta ist dem des Halloumi sehr ähnlich, da beide Käsesorten in Salzlake reifen.*

Tipp: *Die Fladen von Seite 45 passen super zu den Spießen. Auch Kürbis, Auberginen und Fenchel machen sich aufgespießt gut auf dem Grill.*

MARINIERTES GEMÜSE UND KÄSE AUF ZEDERNHOLZ GEGRILLT

Zubereitungszeit: 25 Minuten, Wartezeit: 1½ Stunden
Für 4 Personen

1 Zucchini
1 rote Paprikaschote
1 Knoblauchzehe
4 EL Olivenöl
1 EL Zitronensaft
Meersalz, schwarzer Pfeffer aus der Mühle
Kräuter der Provence
Chiliflocken
200 g Halloumikäse
etwas Olivenöl für die Holzplanken

⊳⊳⊳ Zwei Zedernholzplanken zum Grillen (Fachhandel, Baumarkt, Grillzubehör) etwa 1 Stunde in Wasser einweichen. Das Gemüse in Scheiben bzw. Stücke schneiden. Den Knoblauch hacken. Das Öl mit dem Zitronensaft und dem Knoblauch vermischen, mit Salz, Pfeffer, Kräutern und Chiliflocken würzen.

⊳⊳⊳ Den Halloumikäse in vier Stücke schneiden. Mit dem Gemüse in eine Schüssel geben und mit der Marinade vermengen. Den Käse und das Gemüse etwa 30 Minuten marinieren lassen.

⊳⊳⊳ Die Planken aus dem Wasser nehmen, abtrocknen und die obere glatte Seite mit etwas Öl einpinseln. Den Käse und das Gemüse auf die Planken legen und mit dem geschlossenen Kugelgrill etwa 20 Minuten grillen.

Gut zu wissen: *Durch das Grillen können krebseregende Stoffe entstehen, insbesondere wenn das Grillgut zu heiß und zu lange gegrillt wird. Marinieren Sie Gemüse, Tofu und Käse mit Kräutern wie Rosmarin, Thymian und Majoran. Die enthaltenen ätherischen Öle können der Bildung dieser Stoffe entgegenwirken.*

Tipp: *Das Grillen auf Holzplanken aus Kirsch-, Erlen- oder Zedernholz verleiht Gemüse, Käse oder Tofu ein leicht rauchiges Aroma und einen besonderen Geschmack. Haben Sie einen elektrischen Kugelgrill, heizen Sie ihn auf 180–200 Grad vor. Das ist die optimale Temperatur für das Grillen mit den Holzplanken.*

BBQ-KARTOFFELN MIT SOUR CREAM

Zubereitungszeit: 35 Minuten
Für 12 Stück

1 kg Drillinge (Kartoffeln)
2–3 EL Olivenöl
1–2 TL Rauchsalz
1 TL Paprikapulver
100 g Speisequark (20 % Fett)
100 g Crème fraîche
4 EL Mayonnaise
1 EL Apfelessig
einige Tropfen Worcestersauce
Meersalz, schwarzer Pfeffer
aus der Mühle
½ Bund Petersilie
2 EL Kapern

⊳⊳⊳ Die Kartoffeln mit Schale halbieren und in einen großen Gefrierbeutel geben. Das Öl mit dem Rauchsalz und dem Paprikapulver vermischen und zu den Kartoffeln geben. Den Gefrierbeutel verschließen und alles gut miteinander vermischen.

⊳⊳⊳ Die Kartoffeln auf Metallspieße stecken. Die Spieße am Rand des Grills etwa 15 Minuten grillen, dabei die Spieße immer wieder drehen.

⊳⊳⊳ Den Quark mit der Crème fraîche, der Mayonnaise und dem Essig verrühren. Mit Worcestersauce, Salz und Pfeffer abschmecken. Die Petersilie hacken und etwa zwei Drittel davon mit den Kapern unter den Quark rühren. Die Kartoffeln mit der restlichen Petersilie und der Sour Cream anrichten.

GEGRILLTE SPICY MAISKOLBEN

Zubereitungszeit: 25 Minuten
Für 4 Stück

4 Maiskolben in der Schale
½ Bund Koriander
1 unbehandelte Zitrone
200 g Crème fraîche
80 g Parmesan, frisch gerieben
Cayennepfeffer
Meersalz, schwarzer Pfeffer
aus der Mühle

⊳⊳⊳ Den Grill anheizen. Die Maiskolben aus der Schale lösen und auf dem Grill rundherum rösten, bis sie ganz leicht zu verkohlen beginnen.

⊳⊳⊳ In der Zwischenzeit die Korianderblättchen abzupfen und grob hacken. Die Zitrone heiß abwaschen, trocken reiben, die Schale abreiben und die Frucht auspressen. Die Crème fraîche mit der Zitronenschale und gut der Hälfte des Korianders verrühren.

⊳⊳⊳ Die heißen Maiskolben sofort mit der Crème fraîche bestreichen und mit dem Zitronensaft beträufeln. Zum Schluss mit dem Parmesan bestreuen und mit Cayennepfeffer, Salz und Pfeffer kräftig würzen.

GEGRILLTER ROMANASALAT MIT AVOCADO VEGAN

Zubereitungszeit: 30 Minuten
Für 4 Personen

1 Knoblauchzehe
2 EL Agavendicksaft
1 Zitrone, Saft
1 EL Erdnussbutter
1–2 TL Sojasauce
6–8 EL Olivenöl
schwarzer Pfeffer aus der Mühle
4 gelbe Paprikaschoten
2 Avocados
Meersalz
1 kleines Ciabatta
2 große Romanasalate
80 g geröstete Erdnüsse
1 Handvoll Thai-Basilikum

>>> Für das Dressing die Knoblauchzehe klein hacken. Mit Agavendicksaft, Zitronensaft, Erdnussbutter, Sojasauce und 5 Esslöffeln Olivenöl verquirlen. Mit Pfeffer würzen.

>>> Die Paprikaschoten in Viertel schneiden und auf dem Grill rösten. Anschließend in Stücke schneiden. Die Avocados vom Stein befreien und aus der Schale lösen. Das Fruchtfleisch in Spalten schneiden. Die Paprikastücke und Avocadospalten mit der Hälfte des Dressings vermischen. Mit Salz und Pfeffer würzen.

>>> Das Ciabatta in Scheiben schneiden. Die Brotscheiben auf dem Grill rösten. Die Salate der Länge nach halbieren. Mit dem restlichen Öl beträufeln, mit den Schnittflächen auf den Grill legen und 1–2 Minuten grillen. Auf eine Platte legen und mit Salz und Pfeffer würzen. Mit dem restlichen Dressing beträufeln. Den Paprika-Avocado-Salat darauf verteilen. Die Erdnüsse grob hacken. Das Basilikum mit den Erdnüssen darüberstreuen. Sofort mit den gerösteten Brotscheiben servieren.

Gut zu wissen: *Thai-Basilikum sieht auf den ersten Blick aus wie klassisches Basilikum. Allerdings gibt es deutliche Unterschiede: Die Blätter sind sehr fest und platt – fast wie bei Minze. Der Stängel ist etwas dunkler und manchmal leicht rötlich. Das Beste an diesem Kraut ist der frische Geschmack nach Minze und Anis.*

TOFU-ANANAS-GEMÜSE-SPIESSE MIT WASABI-KORIANDER-DIP

VEGAN

Zubereitungszeit: 30 Minuten,
Wartezeit: 30 Minuten
Für 8 Stück

8 Champignons
1 rote Paprikaschote
2 rote Zwiebeln
200 g Brokkoli
1 kleine Zucchini
200 g Ananasfruchtfleisch
200 g Naturtofu
scharfe Limettenmarinade von Seite 111
1 kleines Bund Koriander
200 g Sojajoghurt
1 EL Wasabipaste
1 TL Zitronensaft
Meersalz, schwarzer Pfeffer aus der Mühle

⊳⊳⊳ Acht Holzspieße in Wasser legen. Das Gemüse in mundgerechte Stücke schneiden bzw. die Zwiebeln halbieren und in einzelne Schichten teilen. Die Ananas und den Tofu in Würfel schneiden. Das Gemüse, das Obst und den Tofu abwechselnd auf die Spieße stecken. Die Spieße mit der Limettenmarinade vermischen und etwa 30 Minuten marinieren.

⊳⊳⊳ Den Koriander klein schneiden. Den Joghurt mit der Wasabipaste, dem Koriander und dem Zitronensaft pürieren. Mit Salz und Pfeffer würzen.

⊳⊳⊳ Die Spieße auf dem Grill von allen Seiten 7–10 Minuten grillen oder in einer Grillpfanne braten, mit Salz und Pfeffer würzen und mit dem Dip servieren.

Tipp: *Sofern Sie ein Bund Koriander mit Wurzeln kaufen, können Sie dieses in einem Glas Wasser im Kühlschrank für mehrere Tage frisch halten.*

GEGRILLTE AUBERGINENRÖLLCHEN MIT SCHAFSKÄSE

Zubereitungszeit: 25 Minuten
Für 4 Personen

2 große Auberginen
2 EL Olivenöl
1 Zwiebel
2 Knoblauchzehen
200 g Schafskäse
12 getrocknete Tomaten
4 EL Tomatenmark
4 EL Gemüsebrühe oder Wasser
Meersalz, schwarzer Pfeffer aus der Mühle
getrockneter Oregano und Thymian

>>> Die Auberginen längs jeweils in sechs bis acht dünne Scheiben schneiden. Die Auberginenscheiben mit dem Öl bestreichen und auf dem Grill kurz grillen.

>>> Die Zwiebel und den Knoblauch in Stücke schneiden. Den Schafskäse und die getrockneten Tomaten in Stücke schneiden. Den Schafskäse, Tomatenmark, Zwiebel, Knoblauch, getrocknete Tomaten und die Brühe oder das Wasser mit den Gewürzen in ein hohes Gefäß geben und fein pürieren. Sollte die Paste etwas zu dick sein, noch etwas Wasser dazugeben.

>>> Die Auberginenscheiben nebeneinander auslegen, mit je 1–2 Esslöffeln Paste bestreichen und aufrollen. Die Röllchen in eine Grillschale geben oder mit einem Zahnstocher fixieren. Auf dem Grill 5–10 Minuten grillen.

***Tipp:** Die Röllchen können Sie auch in eine Auflaufform legen und im Ofen etwa 15 Minuten backen.*

TOMATEN-RELISH VEGAN

Zubereitungszeit: 3 Stunden
Für 2 Gläser à 250 ml Inhalt

500 g Strauchtomaten
2 Knoblauchzehen
1 Zweig Rosmarin
2 EL Olivenöl
Meersalz, schwarzer Pfeffer aus der Mühle
2 rote Zwiebeln
400 g stückige Tomaten (aus der Dose)
150 ml Balsamicoessig
80 g brauner Zucker
½ TL Chiliflocken

>>> Den Backofen auf 180 Grad (Umluft 160 Grad) vorheizen. Die Tomaten halbieren und in eine Auflaufform geben. Die Knoblauchzehen in Scheiben schneiden und zu den Tomaten geben. Die Rosmarinnadeln abstreifen und mit dem Olivenöl verrühren. Die Ölmischung über die Tomaten geben, alles gut vermischen und mit Salz und Pfeffer würzen. Im vorgeheizten Ofen etwa 1 Stunde rösten.

>>> Die Zwiebeln in kleine Würfel schneiden. Die Ofentomaten mit Zwiebeln, Dosentomaten, Essig, Zucker und den Chiliflocken in einen Topf geben, unter Rühren aufkochen und etwa 1½ Stunden bei mittlerer Hitze einkochen.

>>> Die Gläser heiß ausspülen bzw. in kochendes Wasser geben und umgedreht abtropfen lassen. Das Relish heiß in die vorbereiteten Gläser füllen und diese fest verschließen. Die Gläser umdrehen und 10 Minuten auf dem Deckel stehen lassen. Das Relish abkühlen lassen. Im Kühlschrank hält sich das Relish so mindestens 2 Wochen.

PFLAUMEN-INGWER-CHUTNEY VEGAN

Zubereitungszeit: 15 Minuten
Für zwei Gläser à 250 ml Inhalt

600 g Pflaumen
1 kleine rote Zwiebel
1 Stück (4 cm) frischer Ingwer
1 EL Olivenöl
3 EL Apfeldicksaft
3 EL Essig
3 Pimentkörner, im Mörser zerstoßen
Meersalz, schwarzer Pfeffer aus der Mühle

>>> Die Pflaumen entsteinen und das Fruchtfleisch in Stücke schneiden. Die Zwiebel in Streifen schneiden. Den Ingwer fein hacken.

>>> Das Öl in einem Topf erhitzen und die Zwiebel und den Ingwer darin andünsten. Dann die Pflaumen zugeben und mit andünsten. Den Apfeldicksaft unterrühren und karamellisieren lassen. Nach etwa 5 Minuten mit dem Essig ablöschen und alles etwa 10 Minuten bei kleiner Hitze köcheln lassen. Das Chutney mit den zerstoßenen Pimentkörnern, Salz und Pfeffer würzen.

>>> Die Gläser mit Schraubverschluss heiß ausspülen bzw. in kochendes Wasser geben und umgedreht abtropfen lassen. Dann das kochend heiße Chutney bis zum Rand einfüllen. Die Gläser fest verschließen, umdrehen und 20 Minuten auf dem Deckel stehen lassen. Das Chutney ist so mindestens 3 Monate haltbar.

SPICY GRILL-SAUCE VEGAN

Zubereitungszeit: 20 Minuten
Für 2 Flaschen à 300 ml Inhalt

1 Zwiebel
1 Knoblauchzehe
1 kleine Ingwerwurzel
2 EL Olivenöl
1 TL Sweet-Spicy-Gewürzmischung von Seite 46
4 EL Tomatenmark
400 g stückige Tomaten (aus der Dose)
2 EL Apfelmus
1 EL mittelscharfer Senf
1 EL Agavendicksaft
Meersalz
1 Prise Vanillepulver

⊳⊳⊳ Die Zwiebel, den Knoblauch und den Ingwer hacken. Das Öl in einem Topf erhitzen und die Zwiebel, den Knoblauch und den Ingwer darin glasig dünsten. Die Gewürzmischung zugeben und anschwitzen.

⊳⊳⊳ Tomatenmark, Tomaten, Apfelmus, Senf und den Agavendicksaft zugeben. Etwa 10 Minuten köcheln lassen. Ist die Sauce zu dick, noch etwa 100 ml Wasser zugeben. Die Sauce mit dem Stabmixer pürieren und mit Salz und Vanillepulver abschmecken.

⊳⊳⊳ Die Flaschen mit Schraubverschluss heiß ausspülen bzw. in kochendes Wasser geben und umgedreht abtropfen lassen. Dann die kochend heiße Sauce mit einem ebenfalls abgekochten Trichter bis zum Rand einfüllen. Die Flaschen sofort fest verschließen. Der Sauce ist so mindestens 3–4 Wochen haltbar. Nach dem Öffnen im Kühlschrank aufbewahren.

MARINADEN

Mit diesen Marinaden und der Gewürzmischung bekommen Tofu und Gemüse wie Auberginen, Kartoffeln und Pilze einen intensiveren und individuellen Geschmack bekommen.

Scharfe Limettenmarinade – für Tofu, Gemüse und Austernpilze VEGAN

1 kleine (2 cm) gehackte Ingwerwurzel, 1 gehackte Knoblauchzehe, 1 angeritzte und zerdrückte Zitronengrasstange, 1 zerstoßene getrocknete Chilischote, 5 EL Sesamöl, ½ TL gemahlene Kurkuma und 2 EL Limettensaft miteinander vermischen. Das Gargut mit der Marinade etwa 30 Minuten bis 1 Stunde marinieren. Wie gewünscht grillen und mit Salz würzen.

Balsamicomarinade – für Pilze, Gemüse, Auberginen

1 gehackte rote Zwiebel, Blätter bzw. Nadeln von je 2 Zweigen Thymian und Rosmarin, ¼ TL Chiliflocken, 2 EL Balsamicoessig, 1 TL Honig und 3 EL Olivenöl miteinander vermischen. Das Gargut mit der Marinade etwa 30 Minuten bis 1 Stunde marinieren. Wie gewünscht grillen und mit Salz würzen.

Bier-Senf-Marinade – für Tofu, Linsenbratlinge, Käse, Pilze und Gemüse

Je 1 gehackte Zwiebel und Knoblauchzehe, 100 ml naturtrübes Bier (oder Pils), 2 EL mittelscharfer Senf, 1 EL Honig und 3 EL Olivenöl miteinander vermischen. Das Gargut mit der Marinade etwa 30 Minuten bis 1 Stunde marinieren. Wie gewünscht grillen und mit Salz würzen.

Pfeffrige Grillgewürzmischung VEGAN

4 EL grobes Meersalz, je 1 EL schwarzer, weißer Pfeffer, Szechuanpfeffer sowie grüner Pfeffer oder Langpfeffer, Koriandersamen und Senfsamen vermischen und kurz vor dem Würzen im Mörser zerstoßen oder in der Mühle mahlen.

QUICK & EASY

Für die schnelle
und einfache Nummer

CAPRESE-BULGUR-AUFLAUF MIT PILZEN

Zubereitungszeit: 40 Minuten
Für 4 Personen

150 g Bulgur
Meersalz
200 g Shiitakepilze
2 Zwiebeln
1 Knoblauchzehe
2 EL Olivenöl
800 g stückige Tomaten
(aus der Dose)
schwarzer Pfeffer aus der Mühle
150 g Cocktailtomaten
150 g Mini-Mozzarella-Kugeln
80 g schwarze Oliven, entsteint
5 Zweige Basilikum
100 g Appenzeller, grob gerieben

>>> Den Bulgur mit der doppelten Menge Wasser und 1 Teelöffel Salz aufkochen und etwa 10 Minuten bei mittlerer Temperatur garen. Die Pilze in Scheiben schneiden. Die Zwiebeln und die Knoblauchzehe hacken.

>>> Das Olivenöl erhitzen und die Zwiebeln und den Knoblauch darin anbraten. Die Tomaten aus der Dose zugeben, mit Salz und Pfeffer würzen und etwa 10 Minuten kochen.

>>> Die Cocktailtomaten halbieren. Die Mozzarellakugeln und die Oliven halbieren. Die Basilikumblättchen abzupfen und grob hacken.

>>> Den Backofen auf 200 Grad (Umluft 180 Grad) vorheizen. Die Hälfte der Cocktailtomaten, die Oliven, die Hälfte des Basilikums und die Pilze mit dem Bulgur verrühren und mit Salz und Pfeffer würzen. Die Mischung in eine Auflaufform geben. Die Hälfte des Appenzellers mit der Tomatensauce verrühren und über den Auflauf gießen. Mit den übrigen Tomaten, dem restlichen Appenzeller und dem Mozzarella bestreuen. Im vorgeheizten Ofen etwa 20 Minuten backen. Mit dem restlichen Basilikum bestreut servieren.

Gut zu wissen: *Bulgur ist Weizenschrot, der vor allem in der orientalischen Küche beliebt ist. Da er bereits vorgegart ist, ist seine Zubereitung schnell und einfach. Bulgur ist reich an B-Vitaminen, Vitamin E, Phosphor, Magnesium und Kalzium und enthält außerdem Stärke und Ballaststoffe.*

BLUMENKOHL-SÜSSKARTOFFEL-CURRY MIT MANGO VEGAN

Zubereitungszeit: 30 Minuten
Für 4 Personen

1 Blumenkohl
1 Bund Frühlingszwiebeln
1 Mango
1 große Süßkartoffel
2 EL Sesamöl
60 g Cashewkerne
1–2 EL rote Currypaste
400 ml Kokosmilch
300 g Jasminreis
Meersalz
1 EL Limettensaft
½ Bund Koriander

⊳⊳⊳ Den Blumenkohl in einzelne Röschen schneiden. Die Frühlingszwiebeln in Stücke schneiden. Die Mango schälen, das Fruchtfleisch vom Stein lösen und in Stücke schneiden. Die Süßkartoffel in Würfel schneiden.

⊳⊳⊳ Das Öl in einer großen Bratpfanne erhitzen und die Kartoffelwürfel darin anbraten. Erst wenden, wenn die Kartoffeln leicht angeröstet sind, so backen sie nicht am Pfannenboden an. Nach 5 Minuten den Blumenkohl dazugeben und weitere 5 Minuten andünsten. Danach die Cashewkerne und die Currypaste zufügen und kurz mitdünsten. Die Frühlingszwiebeln, die Mango und die Kokosmilch dazugeben und alles etwa 10 Minuten köcheln lassen.

⊳⊳⊳ Den Reis in kochendem Salzwasser etwa 12 Minuten garen, anschließend abgießen und abtropfen lassen. Das Curry mit dem Limettensaft und Salz abschmecken. Den Koriander fein hacken. Das Blumenkohl-Curry mit Koriander bestreut zum Reis servieren.

WÜRZIGES PILZ-STROGANOFF MIT BANDNUDELN

Zubereitungszeit: 20 Minuten
Für 4 Personen

400 g braune und weiße Champignons
200 g Kräuterseitlinge oder Austernpilze
2 rote Zwiebeln
4 Karotten
2 EL Olivenöl
1 TL heller Balsamicoessig
200 ml Rahm (Sahne)
200 ml Gemüsebrühe
Meersalz, schwarzer Pfeffer aus der Mühle
getrockneter Rosmarin und Majoran
Paprikapulver
gemahlener Kümmel
400 g Bandnudeln
1 Bund Schnittlauch
2 TL Butter

>>> Die Pilze klein schneiden. Die Zwiebeln in Scheiben schneiden. Die Karotten in kleine Würfel schneiden. Das Öl in einer Bratpfanne erhitzen und die Zwiebeln und die Karotten darin andünsten. Die Champignons und die Kräuterseitlinge oder Austernpilze zugeben und mit andünsten. Mit dem Essig ablöschen. Den Rahm und die Brühe angießen. Mit Salz, Pfeffer, Rosmarin, Majoran, Paprikapulver und Kümmel würzen.

>>> Die Nudeln in reichlich Salzwasser bissfest kochen, danach abgießen und abtropfen lassen. Den Schnittlauch in Röllchen schneiden. Vor dem Servieren die Nudeln in der Butter schwenken und mit den Schnittlauchröllchen bestreuen. Die Sauce mit den Nudeln servieren.

***Tipp:** Der feine Geschmack von Austernpilzen erinnert ein bisschen an Kalbfleisch. Zudem sind Austernpilze kalorienarm, fettarm und besonders reich an Proteinen.*

STUDENTENFUTTER-BULGUR MIT KOKOS-GEMÜSE VEGAN

Zubereitungszeit: 20 Minuten
Für 4 Personen

400 g Bulgur
Meersalz
1 rote Paprikaschote
2 Zucchini
1 Aubergine
1 Bund Frühlingszwiebeln
4 EL Sesamöl
2 TL Currypaste
2 EL Sesamsamen
400 ml Kokosmilch
2 EL Limettensaft
schwarzer Pfeffer aus der Mühle
80 g Cashewkerne, angeröstet
40 g Rosinen
2 EL Tomatenmark
2 TL Sambal Oelek
1 Bund Koriander

>>> Den Bulgur in der doppelten Menge kochenden Salzwassers etwa 5 Minuten köcheln, dann zugedeckt etwa 15 Minuten quellen lassen.

>>> Die Paprikaschote in Streifen schneiden. Die Zucchini und Aubergine in Stifte schneiden. Die Frühlingszwiebeln in Ringe schneiden. Die weißen Teile von dem grünen Teil trennen.

>>> Das Öl in einem Wok oder einer Pfanne erhitzen. Die Currypaste zugeben und andünsten. Das Gemüse bis auf das Grün der Frühlingszwiebeln sowie den Sesam zugeben und etwa 10 Minuten weiterdünsten. Am Schluss das Grün der Frühlingszwiebeln zugeben und nur kurz andünsten. Die Kokosmilch hinzufügen, mit dem Limettensaft abschmecken und mit Salz und Pfeffer würzen.

>>> Zu dem Bulgur die Cashewkerne, Rosinen, Tomatenmark, Sambal Oelek und etwa 100 ml Wasser geben und mit Salz und Pfeffer würzen. Den Koriander fein hacken. Das Gemüse mit dem Bulgur und dem Koriander bestreut servieren.

***Tipp:** Für die Extraportion Eiweiß können Sie zur Gemüsepfanne gebratene Tofuwürfel oder Kichererbsen servieren.*

Überbackene Paprikaschoten

Zubereitungszeit: 40 Minuten
Für 4 Personen

3 Karotten
3 Frühlingszwiebeln
400 g schwarze Bohnen (aus der Dose)
50 g getrocknete Tomaten
1 Knoblauchzehe
2 EL Olivenöl
1 TL getrockneter Oregano
1 TL Chiliflocken
Meersalz, schwarzer Pfeffer aus der Mühle
½ Bund Schnittlauch
150 g Cheddar, grob gerieben
4 rote Paprikaschoten

⊳⊳⊳ Die Karotten grob raspeln. Die Frühlingszwiebeln in Stücke schneiden. Die Bohnen abgießen, abspülen und abtropfen lassen. Die Tomaten in Streifen schneiden. Die Knoblauchzehe hacken.

⊳⊳⊳ Den Backofen auf 200 Grad (Umluft 180 Grad) vorheizen. Das Olivenöl in einer Pfanne erhitzen. Die Karotten, die Zwiebeln und den Knoblauch kurz darin andünsten. Die Bohnen und Tomaten, den Oregano und die Chiliflocken zufügen. Mit Salz und Pfeffer abschmecken.

⊳⊳⊳ Den Schnittlauch klein schneiden. Die Hälfte von Käse und Schnittlauch zum Gemüse geben. Die Paprikaschoten halbieren und entkernen. Die Hälften mit der Gemüsemischung füllen und in eine Auflaufform geben. Den restlichen Käse darübergeben und die Paprikaschoten im vorgeheizten Ofen etwa 30 Minuten backen. Mit dem restlichen Schnittlauch bestreut servieren.

Tipp: *Dazu passt der Avocado-Dip von Seite 23. Anstatt Bohnen aus der Dose können auch getrocknete Bohnen verwendet werden. Hierfür 200 g Bohnen über Nacht in reichlich Wasser einweichen. Abgießen, abspülen und in kochendem Wasser etwa 1 Stunde garen. Nach Rezept weiterverwenden.*

GESCHMORTER FENCHEL MIT TOMATEN VEGAN

Zubereitungszeit: 35 Minuten
Für 4 Personen

2 große Fenchelknollen
1 Aubergine
1 Zwiebel
1 Knoblauchzehe
50 g getrocknete Tomaten
2 EL Olivenöl
4 Zweige Thymian, Blättchen abgezupft
1 TL Fenchelsamen
1 TL Chiliflocken
0,1 g Safranfäden
4 EL Tomatenmark
200 g Cocktailtomaten
Meersalz, schwarzer Pfeffer aus der Mühle
350 g Casareccia (oder kurze Nudeln)

⋙ Den Fenchel und die Aubergine längs halbieren und in dicke Spalten schneiden. Die Zwiebel und die Knoblauchzehe in dünne Scheiben, die Tomaten in Streifen schneiden.

⋙ Das Olivenöl in einer großen Bratpfanne erhitzen. Die Zwiebelscheiben, die Hälfte des Thymians, Fenchelsamen, Chiliflocken und Safran darin kurz andünsten. Die Fenchel- und Auberginenstücke zugeben und etwa 8 Minuten mitbraten. Dabei das Gemüse zwischendurch umrühren.

⋙ Die Knoblauchzehe mit dem Tomatenmark und den getrockneten und frischen Tomaten zugeben. Mit Salz und Pfeffer würzen. Etwa 250 ml Wasser zugeben und das Gemüse etwa 15 Minuten schmoren lassen.

⋙ Die Nudeln in einem Topf in reichlich Salzwasser etwa 9 Minuten bissfest kochen, dann abgießen und abtropfen lassen. Das geschmorte Gemüse mit den Nudeln und dem restlichen Thymian bestreut servieren.

Gut zu wissen: *Die einen mögen ihn, die anderen nicht. Fenchel ist aufgrund seiner sehr aromatischen, anisähnlichen Note ein Gemüse, das sich gut kombinieren lässt, wie hier würzig mit Tomaten und Safran. Wichtig: Die Knollen sehr gründlich waschen, denn die Zwischenräume der Blätter enthalten oft Sand.*

CREMIGER ZWIEBELGRATIN

Zubereitungszeit: 50 Minuten
Für 4 Personen

700 g Zwiebeln
1 Apfel
60 g Kapernäpfel
2 EL Butter
2 EL Weizenmehl
200 ml Rahm (Sahne)
150 ml Weißwein
Meersalz, schwarzer Pfeffer aus der Mühle
150 g Gorgonzola
1 TL geräuchertes Paprikapulver

>>> Die Zwiebeln schälen und in siedendem Wasser 2–3 Minuten garen. Mit einer Schaumkelle herausnehmen und etwa 150 ml Garflüssigkeit aufbewahren. Die Zwiebeln kalt abspülen, abtropfen und etwas abkühlen lassen.

>>> Den Apfel entkernen, halbieren und in Scheiben schneiden. Die Zwiebeln in Scheiben schneiden. Die Kapernäpfel abtropfen lassen. Den Backofen auf 200 Grad (Umluft 180 Grad) vorheizen.

>>> Die Butter in einem Topf erhitzen. Das Mehl hinzufügen und leicht anbräunen. Den Rahm, die Garflüssigkeit und den Wein nach und nach zugeben, alles unter Rühren aufkochen. Mit Salz und Pfeffer würzen.

>>> Die Zwiebeln mit den Apfelscheiben und den Kapernäpfeln in eine große Auflaufform oder in kleine Tarteletteformen (10 cm Durchmesser) schichten. Die Rahmsauce darübergießen. Den Gorgonzola zerkleinern und gleichmäßig darauf verteilen. Mit dem Paprikapulver bestreuen. Im vorgeheizten Ofen etwa 20 Minuten backen.

***Tipp:** Es können auch Gemüsezwiebeln verwendet werden. Das vereinfacht das Schälen. Gemüsezwiebeln sind außerdem milder im Geschmack.*

KARTOFFEL-PIMENTOS-PFANNE MIT EI

Zubereitungszeit: 40 Minuten
Für 4 Personen

1 kg festkochende Kartoffeln
Meersalz
3 Zwiebeln
1 Knoblauchzehe
300 g Cocktailtomaten
½ Bund glatte Petersilie
2 EL Olivenöl
200 g Brat-Peperoni
6 Eier
schwarzer Pfeffer aus der Mühle
1 TL geräuchertes Paprikapulver

⊳⊳⊳ Die Kartoffeln in kochendem Salzwasser etwa 15 Minuten garen. Die Zwiebeln und die Knoblauchzehe in Ringe bzw. Scheiben schneiden. Die Tomaten halbieren oder vierteln. Die Petersilienblättchen abzupfen und grob hacken.

⊳⊳⊳ Den Backofen auf 200 Grad (Umluft 180 Grad) vorheizen. Die Kartoffeln schälen und in Scheiben schneiden. Das Olivenöl in einer großen ofenfesten Pfanne erhitzen und die Zwiebeln und den Knoblauch darin anbraten. Die Kartoffeln zufügen und kräftig anbraten, dabei nur wenig rühren. Die Peperoni und die Tomaten zugeben. Mit Salz, Pfeffer und Paprikapulver würzen. Die Hälfte der Petersilie daraufstreuen. Die Eier kurz verquirlen und über das Gemüse gießen. Das Gemüse im vorgeheizten Ofen etwa 20 Minuten backen.

⊳⊳⊳ Die heiße Pfanne vorsichtig aus dem Ofen nehmen. Die Tortilla etwas abkühlen lassen und in Stücke teilen. Mit der restlichen Petersilie bestreut servieren.

Gut zu wissen: *Die Menge der mitverwendeten Samen und Scheidewände entscheidet über die Qualität und Schärfe des Paprikapulvers. Denn darin steckt besonders viel des Alkaloids Capsaicin, das für die Schärfe verantwortlich ist. Ein besonderer Star ist das geräucherte Paprikapulver, das ursprünglich aus Spanien stammt. Geräuchert über Eichenholz, bekommt es die aromatische Rauchnote und einen kräftigeren Geschmack.*

Tipp: *Zu der Kartoffel-Pimentos-Pfanne passt das fruchtige Tomaten-Relish* *von Seite 107.*

GRÜNES WOK-GEMÜSE VEGAN

Zubereitungszeit: 30 Minuten
Für 4 Personen

1 Bund Frühlingszwiebeln
400 g Zucchini
200 g TK-Bohnen
1 Knoblauchzehe
1 Stück (4 cm) frischer Ingwer
200 g Basmatireis
Meersalz
1 EL Erdnussöl
100 g Sojasprossen
150 g Spinat
schwarzer Pfeffer aus der Mühle
1–2 TL Garam Masala
1 EL Sojasauce
400 ml Kokosmilch
1–2 EL Limettensaft
½ Bund Koriander

⊳⊳⊳ Die Frühlingszwiebeln in Stücke schneiden. Die Zucchini längs halbieren und in Scheiben schneiden. Die Bohnen auftauen lassen. Die Knoblauchzehe und den Ingwer schälen und in dünne Scheiben schneiden.

⊳⊳⊳ Den Reis in kochendem Salzwasser etwa 14 Minuten garen, dann abgießen und abtropfen lassen. Das Öl im Wok oder in einer großen Pfanne erhitzen und die Zucchini darin 2–3 Minuten anbraten. Frühlingszwiebeln, Sojasprossen, Bohnen, Knoblauchzehe und den Ingwer dazugeben und etwa 1 Minute unter Rühren weiterbraten. Den Spinat ebenfalls kurz mit erhitzen. Das Gemüse mit Salz, Pfeffer und Garam Masala würzen.

⊳⊳⊳ Das Gemüse mit der Sojasauce und der Kokosmilch ablöschen und weitere 1–2 Minuten garen. Mit Limettensaft abschmecken. Die Korianderblättchen abzupfen und unterrühren. Das Gemüse mit Basmatireis anrichten.

Gut zu wissen: *Bei einem schnellen Gericht wie diesem eignen sich grüne Bohnen aus der Tiefkühltruhe. Sie sind ebenso mineralstoffreich und stecken voller Ballaststoffe wie die frisch geernteten. Frische grüne Bohnen sollten mindestens 10 Minuten gekocht werden, damit der Eiweißstoff Phasin, der zu Magenbeschwerden führen kann, zerstört wird.*

Tipp: *Wer es schärfer mag, kann zusätzlich zum Garam Masala noch mit etwas Kurkuma und Cayennepfeffer würzen.*

LINSEN-NUSS-CRUMBLE VEGAN

Zubereitungszeit: 30 Minuten
Für 4 Personen

100 g Belugalinsen
½ TL Kreuzkümmelsamen, im Mörser zerstoßen
1 Stange Lauch
2 EL Olivenöl
4 EL Mandelmus
1 EL Balsamicoessig
Meersalz, schwarzer Pfeffer aus der Mühle
getrockneter Majoran
1 rote Zwiebel
60 g gemahlene Nüsse (z. B. Haselnüsse)
60 g Margarine
60 g Vollkorndinkelmehl

▷▷▷ Die Linsen in der 2½-fachen Menge Wasser mit dem Kreuzkümmel etwa 30 Minuten kochen. Den Lauch in etwa 5 cm lange Stücke schneiden. Das Öl in einem Topf erhitzen und den Lauch darin etwa 5 Minuten andünsten. Nach etwa 5 Minuten das Mandelmus und 200 ml Wasser zugeben und kurz weitergaren. Mit dem Balsamicoessig, Salz, Pfeffer und Majoran abschmecken. Erst die Linsen und dann den Lauch mit der Sauce in vier große feuerfeste Gläser oder in eine Auflaufform geben.

▷▷▷ Den Backofen auf 200 Grad (Umluft 180 Grad) vorheizen. Die Zwiebel fein würfeln und mit Nüssen, Margarine, Mehl, 1 Prise Salz und Pfeffer zu Streuseln verkneten. Den Lauch damit bestreuen und den Crumble im vorgeheizten Ofen 10–15 Minuten goldbraun backen.

Gut zu wissen: *Belugalinsen besitzen ein feines Aroma und sehen durch die schwarze Farbe optisch toll aus. Die kleinen Linsen haben eine Kochzeit von 20–25 Minuten. Da sie nicht so schnell zerfallen, sind sie besonders gut für Salate, als Suppeneinlage oder als Beilage geeignet.*

Tipp: *Der Nuss-Crumble lässt sich nach Belieben variieren: Anstatt Mandelmus kann auch Erdnusscreme verwendet werden. Wer es gerne süßlich-mild mag, verwendet gemahlene Mandeln; wer einen kräftigeren Geschmack mit einer leicht bitteren Note bevorzugt, greift zu gemahlenen Haselnüssen.*
Wer zudem Zeit sparen möchte, kann einfach grüne oder braune Linsen aus der Dose nehmen.

ANGEBER-REZEPTE

Wenn Freunde kommen

AUBERGINEN-INVOLTINI MIT MANGOLDFÜLLUNG

Zubereitungszeit: 50 Minuten
Für 4 Personen

4 Auberginen
6 EL Olivenöl
Meersalz, schwarzer Pfeffer aus der Mühle
2 Frühlingszwiebeln
200 g roter Mangold
250 g Frischkäse
250 g Ricotta
1 Ei
2 Zwiebeln
400 g stückige Tomaten (aus der Dose)
1 TL brauner Zucker
2 EL Balsamicoessig
50 g Parmesan, frisch gerieben
2 Handvoll Basilikum

⊳⊳⊳ Den Backofen auf 200 Grad (Umluft 180 Grad) vorheizen. Die Auberginen in 1 cm dicke Scheiben schneiden, mit dem Olivenöl bestreichen und in einer Grillpfanne etwa 2 Minuten von jeder Seite grillen. Mit Salz und Pfeffer würzen.

⊳⊳⊳ Die Frühlingszwiebeln in Ringe schneiden. Den Mangold klein schneiden. Den Frischkäse mit dem Ricotta und dem Ei verrühren. Mit Salz und Pfeffer kräftig würzen. Den Mangold und die Frühlingszwiebeln unterrühren.

⊳⊳⊳ Die Zwiebeln würfeln. Mit den Tomaten, dem Zucker und 1 Teelöffel Salz kurz pürieren. Den Essig unterrühren und alles mit Pfeffer würzen. Die Tomatensauce in eine große Auflaufform geben.

⊳⊳⊳ Die Auberginenscheiben mit der Mangold-Ricotta-Masse bestreichen und aufrollen. Die Röllchen auf die Tomatensauce in die Form geben. Die Auberginen mit dem geriebenen Parmesan bestreuen. Die Involtini im vorgeheizten Ofen etwa 20 Minuten überbacken. Das Basilikum klein schneiden und die Involtini damit bestreut servieren.

***Gut zu wissen:** Dazu passen geröstetes Brot oder die entsprechenden Lieblingsnudeln. Dieses Gericht ist auch eine super Vorspeise und reicht dann für 8–10 Personen.*

TOFUGEMÜSE IM PERGAMENT-PÄCKCHEN AUF COUSCOUS VEGAN

Zubereitungszeit: 1 Stunde
Für 4 Personen

1 Stück (4 cm) frischer Ingwer
2 Stangen Zitronengras
2 kleine unbehandelte Limetten
4 EL Sesamöl
400 ml Kokosmilch
¼ TL gemahlene Kurkuma
Meersalz, schwarzer Pfeffer aus der Mühle
6 Frühlingszwiebeln
1 gelbe Paprikaschote
300 g Brokkoli
400 g Naturtofu
2 TL »Kawum«-Gewürzmischung (Seite 46)
200 g Couscous
60 g Cashewkerne

>>> Den Ingwer fein hacken. Die Zitronengrasstangen halbieren und mit einem Messer längs einritzen oder zerdrücken. Die Limetten heiß abwaschen, trocknen, die Schale abreiben und die Frucht auspressen.

>>> 2 Esslöffel Öl in einem Topf erhitzen und den Ingwer darin andünsten. Kokosmilch, Zitronengras sowie Limettenschale und -saft zugeben und etwa 10 Minuten köcheln lassen. Mit Kurkuma, Salz und Pfeffer würzen. Frühlingszwiebeln, Paprika und Brokkoli in Stücke schneiden. Den Tofu in acht Stücke schneiden.

>>> Die restlichen 2 Esslöffel Öl in einer Grillpfanne erhitzen und den Tofu darin anbraten, mit Salz und 1 Teelöffel der Gewürzmischung würzen. Herausnehmen und dann das Gemüse mit den Cashewkernen etwa 5 Minuten anbraten und ebenfalls mit Salz, Pfeffer und der restlichen Gewürzmischung würzen.

>>> Den Backofen auf 200 Grad (Umluft 180 Grad) vorheizen. Acht Stücke Pergament- oder Backpapier (à 30 x 30 cm) nebeneinanderlegen. Jeweils rohen Couscous, Sauce und Gemüse in die Mitte geben. Den Tofu darauf verteilen. Das Papier von allen Enden zusammenfalten und jeweils mit einem Stück Küchengarn (à 30 cm) zu Päckchen zusammenbinden. Die Päckchen auf ein Backblech setzen und etwa 15 Minuten im vorgeheizten Ofen garen. Die Päckchen leicht geöffnet servieren.

***Tipp:** Für einfacheres Füllen das Papier in eine Schüssel oder ein Glas geben. Die Zutaten einfüllen und die Päckchen verschließen.*

FRUCHTIGER TOMATENRISOTTO MIT BALSAMICO-SCHALOTTEN

Zubereitungszeit: 1½ Stunden
Für 4 Personen

2 kg Tomaten (bunt gemischte, kleine und große Tomaten)
2 Knoblauchzehen
3–4 EL Olivenöl
2 Zweige Rosmarin, Nadeln abgezupft
Meersalz, schwarzer Pfeffer aus der Mühle
2 EL Butter
300 g Risottoreis
100 ml Weißwein
1 l Gemüsefond
200 g Schalotten
150 ml Balsamicoessig
1 EL brauner Zucker
50 g Salzmandeln, grob gehackt
50 g Parmesan, frisch gerieben

>>> Den Backofen auf 200 Grad (Umluft 180 Grad) vorheizen. Die Tomaten je nach Größe halbieren oder vierteln. Die Knoblauchzehen schälen, aber ganz lassen. Die Tomaten mit 2 Esslöffeln Olivenöl, dem Knoblauch und dem Rosmarin vermischen. Mit Salz und Pfeffer würzen. Im vorgeheizten Ofen etwa 20 Minuten backen. Etwas abkühlen lassen.

>>> Die Butter in einem großen Topf erhitzen und den Reis darin kurz andünsten. Mit dem Weißwein ablöschen und nach und nach mit dem Gemüsefond auffüllen, gelegentlich umrühren. Den Risotto etwa 30 Minuten garen.

>>> Die gebackenen Tomaten, bis auf einige zum Anrichten, mit der Garflüssigkeit zum Risotto geben, unterrühren und weitere 15 Minuten garen.

>>> Die Schalotten vierteln. Das restliche Öl in einer Pfanne erhitzen und die Schalotten darin andünsten. Den Essig und den Zucker zufügen und die Schalotten etwa 10 Minuten bei mittlerer Hitze garen.

>>> Den Risotto mit den restlichen Tomaten, Salzmandeln, geriebenem Parmesan und den Balsamico-Schalotten anrichten.

KÜRBIS-TOMATEN-TARTE MIT SPINATSALAT

Zubereitungszeit: 45 Minuten, Wartezeit: 30 Minuten
Für 4 Personen

2 Zweige Rosmarin
200 g Weizenmehl
Meersalz
150 g Butter
600 g Hokkaidokürbis
1 EL Olivenöl
100 g Ziegenfrischkäse
2 Eier
schwarzer Pfeffer aus der Mühle
¼ TL geräuchertes Paprikapulver
250 g Cocktailtomaten
50 g Pinienkerne
150 g Joghurt
½ Zitrone, Saft
50 g Parmesan, frisch gehobelt
150 g junger Blattspinat
Weizenmehl für die Arbeitsfläche

>>> Die Rosmarinnadeln von den Zweigen streifen und hacken. Das Mehl mit dem Rosmarin und 1 Teelöffel Salz in eine Schüssel geben. Die Butter in Stückchen sowie 2 Esslöffel Wasser hinzufügen und alles mit den Knethaken des Handrührgeräts zu einem Teig verkneten. Den Teig auf leicht bemehlter Arbeitsfläche kurz durchkneten, in Folie wickeln und etwa 30 Minuten kalt stellen.

>>> Den Kürbis entkernen und in Würfel schneiden. Das Olivenöl erhitzen und den Kürbis darin kurz anbraten. 150 ml Wasser zufügen, aufkochen und den Kürbis etwa 15 Minuten garen, bis er weich ist, dann zerstampfen. Den Ziegenfrischkäse und die Eier unterrühren. Mit Salz, Pfeffer und Paprikapulver kräftig würzen.

>>> Den Backofen auf 200 Grad (Umluft 180 Grad) vorheizen. Den Teig nochmals durchkneten und auf leicht bemehlter Arbeitsfläche etwas größer als die Tarteform (ca. 30 cm Durchmesser oder länglich-oval zu 2 Tartes von 30 x 11 cm) ausrollen. Den Teig in die Form legen, dabei am Rand etwas hoch drücken.

>>> Das Kürbismus auf dem Teig verstreichen. Die Tomaten halbieren und auf der Füllung verteilen. Die Tarte im vorgeheizten Ofen etwa 25 Minuten backen.

>>> Die Pinienkerne in einer Pfanne ohne Zugabe von Fett goldbraun rösten. Den Joghurt mit dem Zitronensaft und dem Parmesan verrühren. Mit Salz und Pfeffer würzen. Die Tarte aus der Form lösen und in Stücke schneiden. Den Spinat mit dem Joghurtdressing beträufeln und mit den Pinienkernen bestreuen. Zur Kürbis-Tarte servieren.

GEBACKENE ZUCCHINI-SELLERIE-TÜRMCHEN MIT ERBSEN-MINZ-STAMPF

Zubereitungszeit: 50 Minuten
Für 4 Personen

800 g Kartoffeln
Meersalz
350 g TK-Erbsen
1 Handvoll Minze
2 Zucchini
400 g Knollensellerie
schwarzer Pfeffer aus der Mühle
250 ml Milch
50 g Butter
2 Eier
50 g Mehl
50 g Semmelbrösel
6 EL Olivenöl

⋙ Die Kartoffeln in kochendem Salzwasser etwa 20 Minuten garen. Die Erbsen auftauen lassen. Die Minze bis auf einige Blättchen zum Anrichten grob hacken.

⋙ Die Zucchini schräg in gut 1 cm dicke Scheiben schneiden. Den Sellerie in etwa 1 cm dicke Scheiben schneiden und diese vierteln. Das Gemüse mit Salz und Pfeffer würzen.

⋙ Die Kartoffeln abgießen und ausdampfen lassen. Die Erbsen, die Milch und die Butter zugeben und alles mit dem Stampfer zerdrücken. Die Minze unterrühren und den Stampf mit Salz und Pfeffer würzen.

⋙ Die Eier verquirlen. Das Mehl mit den Semmelbröseln vermischen. Die Gemüsescheiben erst im Ei, dann in der Mehlmischung wenden. Das Olivenöl in einer Bratpfanne erhitzen und die panierten Gemüsescheiben portionenweise darin von jeder Seite etwa 3 Minuten goldgelb braten. Das Gemüse stapeln und mit dem Stampf und der restlichen Minze anrichten.

***Gut zu wissen:** Unter der Schale des Knollenselleries verbirgt sich frisches, würziges Fruchtfleisch mit reichlich Mineralstoffen und einem etwas herben Geschmack. Dieses Aroma kommt von dem hohen Anteil an ätherischen Ölen, die auch für die Verfärbung stehen, wenn der Sellerie nicht sofort nach dem Zerschneiden verarbeitet wird.*

***Tipp:** Das Petersilienpesto von Seite 72 schmeckt super dazu. Wer den Sellerie nicht ganz so knackig mag, kann ihn vor dem Panieren 4–5 Minuten in wenig Salzwasser dünsten.*

GEBACKENE SÜSSKARTOFFELN MIT PILZEN UND AÏOLI

Zubereitungszeit: 1 Stunde
Für 4 Personen

4 große Süßkartoffeln
170 ml Olivenöl
100 g Greyerzer, frisch gerieben
2 Eier
Meersalz, schwarzer Pfeffer aus der Mühle
2 Knoblauchzehen
8 Zweige Thymian
700 g gemischte Pilze (Pfifferlinge, Kräuterseitlinge, Champignons)
1 frische rote Chilischote
2 Zwiebeln
2–3 EL Butter

⪢ Den Backofen auf 200 Grad (Umluft 180 Grad) vorheizen. Die Süßkartoffeln halbieren und mit etwas Öl bestreichen. Auf ein Backblech geben und im vorgeheizten Ofen etwa 30 Minuten backen. Leicht abkühlen lassen und mit einem Teelöffel die Kartoffeln etwas aushöhlen.

⪢ Das Kartoffelmus mit der Hälfte des geriebenen Käses und 1 Ei gut vermischen und mit Salz und Pfeffer kräftig würzen. Die Kartoffeln damit füllen. Mit dem restlichen Käse bestreuen und im Ofen nochmals etwa 15 Minuten backen, bis der Käse goldbraun geschmolzen ist.

⪢ Für die Aïoli 1 Knoblauchzehe im Mörser zerdrücken. Das zweite Ei mit dem restlichen Olivenöl in einen Rührbecher geben. Mit dem Stabmixer zu einer Mayonnaise mixen. Die Thymianblättchen abzupfen und die Hälfte davon mit dem Knoblauch zu der Aïoli geben. Mit Salz und Pfeffer würzen.

⪢ Die Pilze halbieren oder vierteln. Die Chilischote entkernen und klein hacken. Die Zwiebeln und die zweite Knoblauchzehe würfeln. Die Butter in einer Pfanne erhitzen, Zwiebeln und Knoblauch darin anbraten. Pilze und Chili dazugeben und mitbraten. Mit Salz und Pfeffer würzen.

⪢ Die Kartoffeln aus dem Ofen nehmen und mit dem restlichen Thymian bestreuen. Die Kartoffeln mit den gebratenen Pilzen und der Aïoli servieren.

Gut zu wissen: *Die **Süßkartoffel, auch unter dem Namen Batate bekannt, ist schon lange kein Exot mehr. Sie ist zwar gar nicht mit der Kartoffel verwandt, ist aber wie ihre Namensvetterin ein Allround-Gemüse: Sie schmeckt gekocht, gebraten, geröstet, gebacken und frittiert. Ihr süßlicher Geschmack kommt durch den hohen Stärkegehalt zustande.***

NUSSIGER MARONENBRATEN MIT ROTWEIN-ZWIEBELN

Zubereitungszeit: 1 Stunde
Für 4 Personen

200 g Maronen, vorgegart
je 60 g Walnusskerne und Haselnüsse
2 rote Zwiebeln
1 große Karotte
3 Eier
200 g Crème fraîche
Meersalz, schwarzer Pfeffer aus der Mühle
½ Bund glatte Petersilie
4 EL Olivenöl
1 TL Tomatenmark
1 EL Weizenmehl
50 ml Rotwein
100 ml Gemüsefond
1 EL Balsamicoessig
1 Stück Zartbitterschokolade
getrockneter Thymian
400 g Bandnudeln

⪢⪢⪢ Den Backofen auf 180 Grad (Umluft 160 Grad) vorheizen. Die Maronen und die Nüsse grob hacken. Die Nüsse in einer Pfanne ohne Fett anrösten. Die Zwiebeln fein hacken und die Hälfte beiseitestellen. Die Karotte grob raspeln.

⪢⪢⪢ Die Eier mit der Crème fraîche vermischen und mit Salz und Pfeffer würzen. Die Petersilie fein hacken. 1 Esslöffel Öl in einer Pfanne erhitzen und die Hälfte der Zwiebeln sowie die geraspelte Karotte darin etwa 5 Minuten anbraten. Die Maronen mit den Nüssen, der Karottenmischung und der Petersilie vermischen. Mit der Eiermasse verrühren. Eine kleine Kastenform (700 ml bis 1 Liter) mit etwas Öl ausstreichen. Den Teig einfüllen und glatt streichen. Im vorgeheizten Backofen 30–40 Minuten goldbraun backen. Anschließend den Braten aus dem Ofen nehmen, abkühlen lassen und aus der Form stürzen.

⪢⪢⪢ Die restlichen Zwiebelwürfel in 1 Esslöffel Öl in einem kleinen Topf andünsten, das Tomatenmark und das Mehl hinzugeben und kurz mitdünsten. Unter Rühren den Wein angießen und kurz reduzieren lassen. Mit der Brühe angießen und etwa 5 Minuten köcheln lassen. Den Balsamicoessig und die Schokolade zugeben und unterrühren. Die Sauce mit Salz, Pfeffer und Thymian würzen.

⪢⪢⪢ Die Nudeln in reichlich Salzwasser etwa 8 Minuten bissfest garen, dann abgießen und abtropfen lassen. Den Braten in dicke Scheiben geschnitten mit den Nudeln und der Sauce servieren.

***Tipp:** Der Braten schmeckt auch kalt in Scheiben geschnitten auf Brot. Haben Maronen gerade keine Saison, gibt es sie auch in der Dose, tiefgekühlt oder vakuumiert. Alternativ können Sie Linsen oder Tofu verwenden.*

KARAMELLISIERTES OFENGEMÜSE MIT CREMIGER POLENTA

Zubereitungszeit: 1 Stunde
Für 4 Personen

4 Rote-Bete-Knollen
800 g Karotten
2 Petersilienwurzeln
3 Pastinaken
1 Knoblauchzehe
2 EL Olivenöl
Meersalz, schwarzer Pfeffer aus der Mühle
500 ml Milch
100 g Polentagrieß
3 EL Butter
1 große frisch geriebene Prise Muskatnuss
3 Zweige Salbei
3 EL Zucker
50 g Parmesan, frisch gerieben

⪢⪢⪢ Die Rote-Bete-Knollen schälen, halbieren und in Spalten schneiden. Die Karotten und die Petersilienwurzeln schälen, der Länge nach halbieren, dann in Viertel oder Scheiben schneiden. Die Pastinaken in Scheiben schneiden. Die Knoblauchzehe ebenfalls schälen und in Scheiben schneiden.

⪢⪢⪢ Den Backofen auf 200 Grad (Umluft 180 Grad) vorheizen. Das Gemüse mit dem Olivenöl vermischen. Mit Salz und Pfeffer würzen und auf einem Backblech verteilen. Im vorgeheizten Ofen etwa 30 Minuten garen. Das Gemüse zwischendurch wenden.

⪢⪢⪢ Die Milch mit 400 ml Wasser in einem Topf erhitzen. Die Polenta einrühren und bei mittlerer Hitze etwa 15 Minuten garen. Die Butter unterrühren. Mit Muskat, Salz und Pfeffer abschmecken.

⪢⪢⪢ Die Salbeiblättchen abzupfen. Das Gemüse damit vermischen. Den Zucker darüberstreuen und alles etwa 10 Minuten im Ofen karamellisieren lassen.

⪢⪢⪢ Den geriebenen Parmesan unter die Polenta rühren. Das gebackene Gemüse mit der Polenta anrichten.

***Gut zu wissen:** Die Muskatnuss ist der Samen aus den Früchten des Muskatnussbaumes. Muskat ist sowohl gemahlen als auch als ganze Muskatnuss erhältlich. Frisch gerieben ist der Geschmack noch feiner. Aber egal ob frisch gerieben oder gemahlen – Muskat hat ein starkes Aroma, deshalb reicht meist eine Prise.*

SALATE

Deftiges Grünzeug zum Sattessen

GEGRILLTER KÜRBIS MIT KICHERERBSEN UND BOHNEN

Zubereitungszeit: 50 Minuten
Für 4 Personen

1 kleiner Hokkaidokürbis (ca. 1 kg)
200 g Rote Bete
300 g Brokkoli
4 EL Olivenöl
Meersalz, schwarzer Pfeffer aus der Mühle
50 g Buchweizen
150 g grüne Bohnen
200 g Kichererbsen (aus der Dose)
3 EL Apfelessig
1 TL Senf
1 TL Honig
1 EL frischer Thymian, Blättchen abgezupft
50 g gesalzene Pistazien
100 g Schafskäse

⋙ Den Backofen auf 200 Grad (Umluft 180 Grad) vorheizen. Den Kürbis entkernen und in Spalten schneiden. Die Rote Bete in Stifte schneiden. Den Brokkoli in Röschen teilen. Das Gemüse mit 2 Esslöffeln Olivenöl vermischen, mit Salz und Pfeffer würzen und im vorgeheizten Ofen etwa 30 Minuten backen.

⋙ Den Buchweizen abspülen und in Salzwasser etwa 15 Minuten garen. Die Bohnen halbieren. Etwa 10 Minuten in Salzwasser kochen, abgießen und kalt abspülen. Die Kichererbsen abgießen, abspülen und abtropfen lassen.

⋙ Das restliche Öl mit Essig, Senf, Honig und dem Thymian verquirlen. Mit Salz und Pfeffer würzen. Das gebackene Gemüse mit den Kichererbsen, dem Buchweizen, den Bohnen und den Pistazien auf einer Platte anrichten. Das Dressing darübergeben. Den Schafskäse zerkleinern und darüberstreuen.

***Gut zu wissen:** Buchweizen ist kein Getreide, lässt sich aber in der Küche ähnlich verwenden. Er ist glutenfrei, und angeröstet bekommt er einen leicht nussigen Geschmack. Buchweizen ist außerdem ein guter Energielieferant und enthält viele Nährstoffe wie Eisen, Magnesium, Kalium und Kalzium sowie die Vitamine B1, B2 und E.*

SCHARFER KRAUTSALAT MIT AVOCADO UND ERDNUSSDRESSING

VEGAN

Zubereitungszeit: 20 Minuten
Für 4 Personen

1 Spitzkohl (500 g)
2 Karotten
1 Salatgurke
200 g Ananasfruchtfleisch
1 Bund Koriander
1 Stück (4 cm) frischer Ingwer
4 EL Sesamöl
2 EL Limettensaft
2 TL Sambal Oelek
2 EL Sojasauce
2 EL Erdnussmus
2 TL Agavendicksaft
Meersalz, schwarzer Pfeffer aus der Mühle
1 Avocado
4 EL Erdnusskerne, geröstet

⊳⊳⊳ Die äußeren Blätter vom Kohl und den Strunk entfernen und den Kohl in feine Streifen schneiden. Die Karotten grob raspeln, die Gurke in Streifen schneiden. Die Ananas in feine Streifen schneiden. Den Koriander fein hacken. Alles vermengen.

⊳⊳⊳ Den Ingwer fein hacken und mit dem Öl, Limettensaft, Sambal Oelek, Sojasauce, Erdnussmus und dem Apfeldicksaft verquirlen und mit Salz und Pfeffer würzen. Das Dressing über den Salat geben und alles gut miteinander vermengen. Noch einmal mit Salz und Pfeffer würzen.

⊳⊳⊳ Die Avocado halbieren, den Stein entfernen und das Fruchtfleisch mit einem Löffel herauslösen. Das Fruchtfleisch in Würfel schneiden und mit den Erdnüssen auf den Salat geben und servieren.

Gut zu wissen: *Ingwer ist ein echtes Allroundtalent und peppt jede Speise auf. Die Knolle enthält ätherische Öle und Scharfstoffe, die für den frisch-scharfen Geschmack und die durchblutungsfördernde und stoffwechselanregende Wirkung verantwortlich sind. Ingwer kann bei Verdauungsbeschwerden helfen und schmerzlindernd wirken. Übrigens: Für Menschen mit Bluthochdruck ist Ingwer nicht gut geeignet, da dieser den Blutdruck erhöhen kann.*

GRÜNER-SPARGELSALAT MIT BÜFFELMOZZARELLA UND FEIGEN

Zubereitungszeit: 35 Minuten
Für 4 Personen

1 Radicchio
500 g grüner Spargel
4 Feigen
1 Knoblauchzehe
½ Bund Thai-Basilikum
3 EL Olivenöl
1 EL Honig
2 EL heller Balsamicoessig
½ unbehandelte Zitrone, Saft und abgeriebene Schale
Meersalz, schwarzer Pfeffer aus der Mühle
1 Handvoll Rucola
4 Büffelmozzarella-Kugeln (à 125 g)

⋙ Den Radicchio in mundgerechte Stücke zerteilen. Die holzigen Enden vom Spargel abschneiden und die Stangen längs halbieren. Die Feigen in Spalten schneiden. Die Knoblauchzehe hacken. Das Basilikum klein schneiden. 2 Esslöffel Olivenöl mit dem Honig, dem Essig, Zitronensaft und -schale, 1 Teelöffel Basilikum sowie der Knoblauchzehe verquirlen. Mit Salz und Pfeffer würzen.

⋙ Das restliche Öl in einer Pfanne erhitzen und den Spargel darin 2–3 Minuten anbraten. Mit Salz und Pfeffer würzen. Den Radicchio, den Rucola, die Feigen und den Spargel auf einer Platte anrichten. Den Mozzarella abtropfen lassen und in Stücke zupfen. Auf dem Salat verteilen. Den Salat mit dem restlichen Basilikum bestreuen und mit dem Dressing beträufeln. Dazu passen geröstetes Ciabatta oder Bauernbrot.

Gut zu wissen: *Der echte Mozzarella di Bufala wird aus der Büffelmilch schwarzer Wasserbüffel hergestellt und trägt ein geschütztes Herkunftssiegel. Er ist weiß, hat einen angenehm mild-säuerlichen frischen Geschmack und eine weiche, faserige und elastische Konsistenz. Fein für diesen Salat ist auch Burrata. Dies ist eine sehr cremige Art Mozzarella, aber nicht aus Büffel-, sondern aus Kuhmilch. Es gibt sie leider nicht immer, durch ihre Säckchenform ist sie ein Hingucker auf dem Salat. Anders als Mozzarella aus Kuhmilch ist Burrata im Inneren besonders cremig und weich.*

BROT-TOMATEN-SALAT MIT AUBERGINEN UND PANIERTEM SCHAFSKÄSE

Zubereitungszeit: 25 Minuten
Für 4 Personen

2 kleine Auberginen
200 g Ciabatta
2 Knoblauchzehen
8 EL Olivenöl
Meersalz, schwarzer Pfeffer aus der Mühle
½ TL Kräuter der Provence
2 rote Zwiebeln
12 Tomaten
2 Bund Basilikum
2 EL Kräuteressig
2 TL Senf
2 TL Agavendicksaft oder Apfeldicksaft
400 g Schafskäse
2 Eier
2 EL Mehl
4 EL Semmelbrösel
½ TL getrockneter Thymian
1 Prise Chiliflocken

⋙ Die Auberginen in 1 cm dicke Würfel schneiden. Das Ciabatta in Würfel schneiden. Den Knoblauch hacken. 2 Esslöffel Öl in einer Pfanne erhitzen und die Auberginenwürfel mit der Hälfte des Knoblauchs darin etwa 7 Minuten kräftig anbraten. Mit Salz, Pfeffer und Kräutern würzen und beiseitestellen. 1 Esslöffel Öl in der Pfanne erhitzen und die Brotwürfel mit dem restlichen Knoblauch anrösten.

⋙ Die Zwiebeln in Streifen, die Tomaten in Würfel schneiden. Die Basilikumblättchen abzupfen. Den Essig mit Senf, Agaven- oder Apfeldicksaft und 4 Esslöffeln Öl verquirlen und mit Salz und Pfeffer würzen.

⋙ Den Schafskäse in vier Stücke schneiden. Die Eier aufschlagen und in einem tiefen Teller verquirlen. Das Mehl und die Semmelbrösel in zwei weitere Teller geben. Das Mehl mit Salz und Pfeffer würzen. Unter die Semmelbrösel den Thymian und die Chiliflocken mischen. Den Schafskäse erst im Mehl wenden, dann in das Ei geben und zum Schluss in den Semmelbröseln wenden und diese fest andrücken. Das restliche Öl (2 Esslöffel) in einer Pfanne erhitzen und den Käse darin goldgelb braten. Kurz vor dem Servieren die Brotwürfel mit den Tomaten, den Auberginen, dem Basilikum, den Zwiebeln und dem Dressing vermengen und mit dem gebackenen Schafskäse servieren.

***Tipp:** Da das Ciabatta zu Croûtons verarbeitet wird, kann man auch gut ein Stück Fladenbrot – oder eine Scheibe Vollkornbrot vom Vortag – zur Resteverwertung verwenden.*

GRÜNKERN-KRÄUTER-SALAT MIT KARAMELLISIERTEN TOMATEN UND NEKTARINEN

VEGAN

Zubereitungszeit: 40 Minuten
Für 4 Personen

300 g Grünkern
Meersalz
2 Bund Rucola
je 1 Bund glatte Petersilie und Basilikum
4 EL Walnussöl
2 EL Zitronensaft
2 EL Apfelmus
2 TL mittelscharfer Senf
½ TL Schwarzkümmelsamen
schwarzer Pfeffer aus der Mühle
2 Nektarinen
500 g Cocktailtomaten
40 g Walnusskerne
2 Zweige Rosmarin
2 EL Olivenöl

⪢⪢⪢ Den Grünkern in der doppelten Menge Salzwasser etwa 30 Minuten weich garen, abgießen, zugedeckt 5 Minuten nachdämpfen und danach auskühlen lassen. Den Rucola und die Kräuter grob hacken. Das Öl mit dem Zitronensaft, Apfelmus, Senf und Schwarzkümmel in einer kleinen Schüssel vermischen und mit Salz und Pfeffer würzen.

⪢⪢⪢ Den ausgekühlten Grünkern mit dem Rucola, den Kräutern und der Vinaigrette vermischen, kurz ziehen lassen und mit Salz und Pfeffer abschmecken.

⪢⪢⪢ Die Nektarinen entsteinen und in Spalten schneiden. Die Tomaten bei Bedarf halbieren. Die Walnusskerne grob hacken. Die Rosmarinnadeln abzupfen und hacken. Das Olivenöl in einer Pfanne erhitzen und die Nektarinen, die Tomaten und die Walnusskerne darin anbraten und karamellisieren lassen. Mit Salz und Pfeffer würzen. Die Tomaten und die Nektarinen noch warm auf dem Salat anrichten und servieren.

***Gut zu wissen:** Nicht nur eine Frage der Optik! Beim Kauf der Petersilie statt der gekräuselten die glatte Variante nehmen, da diese wesentlich aromatischer ist.*

KRAUTBÄLLCHEN AUF HERZHAFTEM SALAT MIT SPINATHUMMUS

VEGAN

Zubereitungszeit: 50 Minuten,
Wartezeit: 1 Tag
Für 4 Personen

100 g getrocknete Kichererbsen
100 g Blattspinat
1 Knoblauchzehe
1 Handvoll Basilikum
1 EL Mandelmus
Meersalz, schwarzer Pfeffer aus der Mühle
450 g roter Spitzkohl oder Rotkohl
2 Rote-Bete-Knollen
2 EL Olivenöl
1–2 EL Balsamicoessig
1 TL gemahlene Kurkuma
2 TL Senf
175 g Kichererbsenmehl
1 Limette, Saft
1 TL Agavendicksaft
80 g Nussmischung (Mandeln, Haselnüsse, Cashewkerne, Walnusskerne)
½ TL gemahlener Zimt
½ TL frisch gemahlene Muskatnuss
1 EL Zucker
250 g Salatmischung (Rucola, roter Mangold, Feldsalat, Spinat)
etwa 1 l Pflanzenöl zum Frittieren

>>> Die Kichererbsen über Nacht in reichlich Wasser einweichen. Am nächsten Tag abgießen, abspülen und in kochendem Wasser 50–60 Minuten garen. Kichererbsen abgießen, gut abtropfen und abkühlen lassen.

>>> Den Spinat grob hacken. Die Knoblauchzehe hacken. Die Kichererbsen mit dem Knoblauch, dem Spinat, dem Basilikum und dem Mandelmus pürieren. Mit Salz und Pfeffer abschmecken.

>>> Den Kohl in dünne Streifen hobeln. Die Rote Bete grob raspeln. 1 Esslöffel Olivenöl erhitzen und den Kohl darin mit dem Essig und 2 Esslöffeln Wasser 5–7 Minuten dünsten. Mit Salz und Pfeffer würzen und abkühlen lassen. Mit Roter Bete, Kurkuma und 1 Teelöffel Senf vermischen. Das Mehl unterrühren. Aus der Masse 16 Bällchen formen.

>>> Das restliche Öl mit dem Limettensaft, dem restlichen Senf und dem Agavendicksaft verquirlen. Mit Salz und Pfeffer würzen. Die Nussmischung mit dem Zimt, dem Muskat und dem Zucker vermischen und in einer Pfanne etwas karamellisieren lassen.

>>> Das Pflanzenöl in einem hohen Topf erhitzen. Das Öl ist heiß genug, wenn an einem Holzstäbchen Bläschen aufsteigen. Die Krautbällchen portionenweise etwa 3 Minuten darin frittieren. Auf Küchenpapier abtropfen lassen.

>>> Die Salatmischung auf einer Platte anrichten. Mit dem Dressing beträufeln, die Bällchen daraufgeben. Die Nussmischung grob hacken und darüberstreuen. Mit dem Spinathummus servieren.

***Tipps:** Eilige verwenden gegarte Kichererbsen aus der Dose.*
Da roter Spitzkohl nicht immer gut zu bekommen ist, alternativ Rotkohl verwenden. Diesen 10–12 Minuten mit 1 Tasse Wasser dünsten und wie im Rezept beschrieben verwenden.

ROHER BLUMENKOHLSALAT MIT MANDELN VEGAN

Zubereitungszeit: 35 Minuten
Für 4 Personen

1 kleiner Blumenkohl
1 kleine Salatgurke
½ Bund glatte Petersilie
100 g kleine rote Mangoldblätter
4 EL Walnussöl
2 EL Apfelessig
½ Zitrone, Saft
1 TL Senf
2 EL Agavendicksaft
1 EL Mandelmus
Meersalz, schwarzer Pfeffer aus der Mühle
1 Scheibe Krustenbrot
1 EL Olivenöl
1 Prise Chiliflocken
50 g Salzmandeln

>>> Den Blumenkohl abspülen und auf einer Reibe in ganz dünne Scheiben hobeln. Die Salatgurke halbieren und in Scheiben schneiden. Die Petersilienblättchen abzupfen und klein schneiden. Den Blumenkohl mit der Gurke, der Petersilie und dem Mangold in einer Schüssel vermischen.

>>> Das Walnussöl mit Essig, Zitronensaft, Senf, Agavendicksaft und dem Mandelmus in einem hohen Gefäß pürieren. Mit Salz und Pfeffer würzen. Das Krustenbrot in kleine Würfel schneiden. Das Olivenöl in einer Bratpfanne erhitzen und die Brotwürfel darin mit den Chiliflocken anbraten.

>>> Den Salat mit dem Dressing gut vermischen und abschmecken. Die Mandeln grob hacken und mit den gerösteten Brotwürfeln über den Salat streuen.

Gut zu wissen: *Wer Blumenkohl noch nie roh gegessen hat, sollte diesen Salat unbedingt ausprobieren. Ungekochter Blumenkohl enthält viel mehr Vitamine und Mineralstoffe als der gegarte, und Sie werden von der zarten knackigen Struktur überrascht sein. Knabbern lohnt sich!*

SÜSSKARTOFFELSALAT MIT PAPRIKA UND SCHARFEM SESAMDRESSING

VEGAN

Zubereitungszeit: 25 Minuten
Für 4 Personen

2 Auberginen
2 Süßkartoffeln
2 Zwiebeln
2 Knoblauchzehen
8 EL Sesamöl
je ½ TL Koriander- und Kreuzkümmelsamen, im Mörser zerstoßen
Meersalz, schwarzer Pfeffer aus der Mühle
1 Prise Cayennepfeffer
2 kleine rote Paprikaschoten
1 Stück (4 cm) frischer Ingwer
4 EL Limettensaft
4 EL Sesamsamen, angeröstet
2 TL Apfeldicksaft
1 TL Senf
2 Msp. Chiliflocken
100 g Feldsalat

⋙ Die Auberginen in 1 cm dicke Würfel schneiden. Die Süßkartoffeln in gleich große Würfel schneiden. Die Zwiebeln halbieren und in Streifen schneiden, den Knoblauch hacken.

⋙ 4 Esslöffel Öl in einer Pfanne erhitzen und die Auberginen- und Süßkartoffelwürfel darin mit den Zwiebeln und dem Knoblauch anbraten. Nach etwa 7 Minuten den Koriander und den Kreuzkümmel zugeben und weiterdünsten, bis die Kartoffeln weich sind. Mit Salz, Pfeffer und Cayennepfeffer würzen. Aus der Pfanne nehmen und abkühlen lassen. Die Paprika in Würfel schneiden und mit den Kartoffeln und den Auberginen vermengen.

⋙ Für das Dressing den Ingwer fein hacken und mit dem restlichen Öl, Limettensaft, Sesamsamen, Apfeldicksaft und dem Senf vermischen und mit Salz, Pfeffer und Chiliflocken würzen.

⋙ Den Feldsalat mit den anderen Salatzutaten vermischen. Das Dressing darübergeben, alles gut vermischen und servieren.

***Gut zu wissen:** Süßkartoffeln sind zwar nicht mit der Kartoffel verwandt, enthalten aber ebenfalls einiges an Kohlenhydraten. Außerdem sind sie reich an Carotinoiden und Anthocyanen, zellschützend wirkenden Pflanzenfarbstoffen. Die exotischen Süßkartoffeln enthalten viele Mineralstoffe, Vitamin C und E, B-Vitamine und sattmachende Ballaststoffe. Also gerne zugreifen!*

***Tipp:** Zum Süßkartoffelsalat passen auch angebratener Tofu oder Pilze.*

SUPPEN & EINTÖPFE

Warm und würzig

KÄSE-LAUCH-SUPPE MIT GEBRATENEN LINSEN

Zubereitungszeit: 30 Minuten
Für 4 Personen

120 g Berglinsen
2 große Stangen Lauch
2 große Kartoffeln
3 EL Rapsöl
800 ml Gemüsebrühe
200 ml Rahm (Sahne)
400 g Schmelzkäse
Meersalz, schwarzer Pfeffer aus der Mühle
getrockneter Majoran
gemahlener Kümmel
2 EL Haselnüsse, gehackt
2 EL Balsamicoessig

⊳⊳⊳ Die Linsen mit der doppelten Menge Wasser 20–25 Minuten weich garen, abgießen und beiseitestellen. Den Lauch in feine Ringe schneiden. Das Lauchgrün beiseitestellen. Die Kartoffeln in Stücke schneiden.

⊳⊳⊳ 2 Esslöffel Öl in einem Topf erhitzen und den weißen Teil des Lauchs und die Kartoffeln darin anbraten. Die Gemüsebrühe angießen und 15 Minuten köcheln lassen. Den Rahm und den Schmelzkäse zugeben und alles mit dem Stabmixer pürieren. Die Suppe mit Salz, Pfeffer, Majoran und Kümmel würzen.

⊳⊳⊳ Für die Einlage 1 Esslöffel Öl in einer Pfanne erhitzen und das beiseitegestellte Lauchgrün darin anbraten. Die Nüsse zugeben und mitbraten. Das Topping mit Salz, Pfeffer und dem Balsamicoessig abschmecken. Die Suppe mit dem Topping servieren.

Tipp: *Echter Balsamicoessig, »Aceto Balsamico«, reift etwa 30–50 Jahre und wird nur von wenigen Familienunternehmen in Italien hergestellt. Sie sollten beim Kauf nicht zu den billigsten Sorten greifen, denn der Preis in diesem Segment sagt gewöhnlich wirklich etwas über die Qualität aus.*

WIRSING-CURRY MIT KARTOFFELN VEGAN

Zubereitungszeit: 20 Minuten
Für 4 Personen

400 g Kartoffeln
200 g Butternutkürbis
2 Karotten
1 Zwiebel
1 Knoblauchzehe
1 Stück (4 cm) frischer Ingwer
400 g Wirsing
3 EL Sesamöl
1 EL gelbe Currypaste
600 ml Gemüsebrühe
400 ml Kokosmilch
1 TL gemahlene Kurkuma
Meersalz, schwarzer Pfeffer aus der Mühle
½ Bund Koriander
4 TL Sesamsamen, geröstet

>>> Die Kartoffeln, den Kürbis und die Karotten in 1 cm große Würfel schneiden. Die Zwiebel, den Knoblauch und den Ingwer hacken. Den Wirsing in Streifen schneiden.

>>> 2 Esslöffel Öl in einem Topf erhitzen und die Zwiebel, den Knoblauch und den Ingwer darin andünsten. Die Currypaste zugeben und mit andünsten. Die Kartoffeln, den Kürbis und die Karotten zugeben und etwa 7 Minuten dünsten. Dann die Brühe und den Wirsing zugeben und etwa 5 Minuten weiterdünsten. Die Kokosmilch und die Kurkuma zufügen und das Curry mit Salz und Pfeffer abschmecken.

>>> Die Korianderblättchen abzupfen. Das Curry mit Korianderblättchen und gerösteten Sesamsamen bestreut servieren.

Gut zu wissen: *Wirsing ist ein perfekter Vitaminspender und stärkt die Abwehrkräfte, denn er enthält reichlich Vitamin C. Er ist reich an den Mineralstoffen Kalium, Kalzium, Eisen, Magnesium und Phosphor. Darüber hinaus sind jede Menge Folsäure, Vitamin A und B-Vitamine enthalten. Auch die reichlich vorhandenen Ballaststoffe sind für die Verdauung und eine gute Sättigung von großer Bedeutung. Bei empfindlichen Personen kann der Kohl jedoch blähend wirken. Abhilfe kann beim Kochen die Beigabe von Ingwer, Kräutern oder Kümmel schaffen.*

Tipp: *Statt Wirsing können Sie das Curry auch mit Grünkohl zubereiten. Hier passen auch Linsen als Einlage sehr gut dazu.*

SCHARFE MAISSUPPE MIT KOKOS-CASHEW-CRUNCHY UND GERÖSTETER PAPRIKA

Zubereitungszeit: 30 Minuten
Für 4 Personen

2 rote Zwiebeln
2 Knoblauchzehen
1 Stück (4 cm) frischer Ingwer
2 große Kartoffeln
500 g Zuckermais (aus der Dose)
4 EL Sesamöl
1 TL Sweet-Spicy-Gewürzmischung von Seite 46
600 ml Gemüsebrühe
400 ml Kokosmilch
Meersalz, schwarzer Pfeffer aus der Mühle
2 TL Zitronensaft
40 g Cashewkerne
30 g Kokoschips
2 TL Agavendicksaft
½ TL Currypulver
2 rote Paprikaschoten

>>> Die Zwiebeln, den Knoblauch, den Ingwer und die Kartoffeln klein schneiden. Den Mais abtropfen lassen und 100 g davon beiseitestellen. 2 Esslöffel Öl in einem Topf erhitzen und die Zwiebeln, den Knoblauch und den Ingwer darin andünsten. Dann die Kartoffeln, 400 g Mais und die Gewürzmischung zugeben und mit andünsten. Mit der Gemüsebrühe angießen und 10–15 Minuten weich garen. Die Kokosmilch zugeben und alles mit dem Stabmixer ganz fein pürieren. Die Suppe bei Bedarf durch ein Sieb passieren und mit Salz, Pfeffer und Zitronensaft abschmecken.

>>> Die Cashewkerne und die Kokoschips grob hacken und in einer Pfanne mit dem Agavendicksaft anrösten. Mit Currypulver und Salz würzen, auf einen Teller geben und abkühlen lassen.

>>> Die Paprikaschoten in Würfel schneiden. Die restlichen 2 Esslöffel Öl in der Pfanne erhitzen und die Paprikawürfel und den restlichen Mais darin anbraten. Mit Salz, Pfeffer und etwas Currypulver würzen. Die Suppe mit der Paprikamischung und den Kokos-Cashew-Crunchys bestreut servieren.

SÜSS-SAURER LINSENEINTOPF

Zubereitungszeit: 35 Minuten
Für 4 Personen

1 Zwiebel
1 Knoblauchzehe
1 Stück (4 cm) frischer Ingwer
4 mittelgroße Kartoffeln
2 Süßkartoffeln
4 EL Sesamöl
2 TL Exotic-Flash-Gewürzmischung von Seite 46
120 g Pardina- oder Puylinsen
60 g Mandeln
Meersalz, schwarzer Pfeffer aus der Mühle
2 EL Sojasauce
einige Spritzer Tabasco
2 TL weißer Balsamicoessig
2 EL frisch gehackte glatte Petersilie

⊳⊳⊳ Zwiebel, Knoblauch und Ingwer hacken. Die Kartoffeln und die Süßkartoffeln in 1 cm große Würfel schneiden. Die Hälfte der Süßkartoffeln beiseitelegen.

⊳⊳⊳ 2 Esslöffel Öl in einer Bratpfanne erhitzen und die Zwiebel, den Knoblauch und den Ingwer darin andünsten. Dann die Kartoffel- und Süßkartoffelwürfel zugeben und anbraten. Die Gewürzmischung zufügen und mit andünsten. Die Linsen dazugeben und mit 1 Liter Wasser angießen, alles aufkochen und etwa 20 Minuten zugedeckt garen.

⊳⊳⊳ Das restliche Öl in einer Pfanne erhitzen und die restlichen Süßkartoffelwürfel und die Mandeln darin 10–15 Minuten andünsten. Mit Salz und Pfeffer würzen. Den Eintopf mit der Sojasauce, Tabasco, Balsamicoessig, Salz und Pfeffer abschmecken. Mit der Süßkartoffel-Mandel-Mischung und der Petersilie bestreut servieren.

***Tipp:** Wer kein Veganer ist, kann das Chili mit Crème fraîche oder Schmand servieren.*

ASIA-GEMÜSESUPPE MIT EDAMAME-PESTO

VEGAN

Zubereitungszeit: 25 Minuten
Für 4 Personen

150 g Edamame-Bohnen oder grüne dicke Bohnen
Meersalz
50 g geröstete Erdnüsse
½ Bund Koriander
½ Limette, Saft
6 EL Sojaöl
300 g grüne Bohnen
150 g Pak Choi
2 Frühlingszwiebeln
200 g Rettich
200 g Champignons
1 kleine Stange Zitronengras
300 g Bambussprossen (aus der Dose)
1 Stück (3 cm) frischer Ingwer
2 EL Misopaste
400 g Tofu
schwarzer Pfeffer aus der Mühle
1 EL Sojasauce

>>> Die Edamame oder dicken Bohnen in kochendem Salzwasser etwa 10 Minuten garen. Abgießen, kalt abspülen und die Keime aus der Schale lösen. Mit den Erdnüssen, gut der Hälfte des Korianders, dem Limettensaft und 5 Esslöffeln Sojaöl pürieren.

>>> Den Pak Choi in breite Streifen schneiden. Die Frühlingszwiebeln in Stücke schneiden. Den Rettich in Scheiben schneiden. Die Champignons ebenfalls in Scheiben schneiden. Das Zitronengras längs halbieren. Die Sprossen abgießen und abtropfen lassen. Den Ingwer klein schneiden.

>>> Das restliche Sojaöl in einem großen Topf erhitzen und die Misopaste und den Ingwer darin kurz anbraten. Das Gemüse und das Zitronengras zufügen und kurz andünsten. Etwa 1¼ Liter Wasser zugießen, alles aufkochen und etwa 8 Minuten leicht kochen lassen.

>>> Den Tofu würfeln. Die Suppe mit der Sojasauce abschmecken. Den Tofu kurz darin erwärmen. Die Suppe mit dem restlichen Koriander bestreut servieren. Das Edamame-Pesto dazureichen.

Gut zu wissen: *Edamame bedeutet übersetzt »Bohnen am Zweig« und steht für unreif geerntete Sojabohnen. Die unreif geernteten Schoten werden gekocht, solange sie noch am Stiel sitzen. Gegessen werden nur die grünen Bohnen aus dem Inneren der Schoten.*
Im Gegensatz zur reifen Sojabohne sind Edamame leuchtend grün und von weicher Konsistenz. Edamame gibt es ganzjährig mit oder ohne Schote frisch oder tiefgefroren im Asialaden. Bevor sie wie in diesem Rezept verwendet werden können, müssen sie erst gekocht werden.

DEFTIGE BLUMENKOHL-BOHNEN-SUPPE MIT PARMESAN

Zubereitungszeit: 1 Stunde
Für 4 Personen

500 g Blumenkohl
350 g Kartoffeln
2 Zwiebeln
3 EL Olivenöl
Meersalz
1 unbehandelte Limette
400 g weiße Bohnen (aus der Dose)
ca. 1,2 l Gemüsebrühe
100 g Crème fraîche
schwarzer Pfeffer aus der Mühle
2 Handvoll Basilikum
50 g Walnusskerne
50 g Parmesan, grob gerieben

>>> Den Backofen auf 200 Grad (Umluft 180 Grad) vorheizen. Den Blumenkohl in Röschen teilen. Die Kartoffeln in Würfel schneiden. Die Zwiebeln ebenfalls würfeln.

>>> Das Gemüse in einer Auflaufform mit 2 Esslöffeln Olivenöl und 2 Teelöffeln Salz vermischen. Im vorgeheizten Ofen etwa 50 Minuten rösten. Dabei zwischendurch immer umrühren. Die Limette heiß abwaschen, abtrocknen, die Schale abreiben und die Frucht auspressen. Den Saft über das fertige Ofengemüse geben. 1–2 Esslöffel Gemüse für die Einlage beiseitestellen.

>>> Die Bohnen abgießen und abspülen. Die Bohnen, die Limettenschale, die Gemüsebrühe und die Crème fraîche mit dem gerösteten Gemüse in einen Topf geben. Alles mit dem Stabmixer gut pürieren. Die Suppe langsam im Topf erwärmen. Mit Salz und Pfeffer abschmecken.

>>> Das Basilikum hacken und mit dem restlichen Olivenöl verrühren. Die Nüsse ohne Zugabe von Fett in einer Pfanne rösten. Die Suppe in Schüsseln geben und mit dem beiseitegestellten Gemüse, den Walnüssen und dem geriebenen Parmesan anrichten. Mit dem Basilikumöl beträufeln und servieren.

BOHNEN-SÜSSKARTOFFEL-CHILI

VEGAN

Zubereitungszeit: 30 Minuten
Für 4 Personen

400 g Süßkartoffeln
2 rote Paprikaschoten
1 unbehandelte Limette
800 g Kidneybohnen
(aus der Dose)
1 EL rote Currypaste
2 EL Tomatenmark
1 TL geräuchertes Paprikapulver
½ TL gemahlener Kreuzkümmel
450 ml Gemüsebrühe
150 g Bulgur
800 g Tomaten (aus der Dose)
Meersalz, schwarzer Pfeffer
aus der Mühle
2 Handvoll Koriander

>>> Die Süßkartoffeln schälen, quer halbieren und in Spalten schneiden. Die Paprikaschoten würfeln. Die Limette heiß abwaschen, abtrocknen und die Schale abreiben, die Frucht auspressen. Die Kidneybohnen abgießen und gründlich abspülen.

>>> Die Currypaste mit dem Tomatenmark, dem Paprikapulver und dem Kreuzkümmel in einem Topf kurz anbraten. Die Brühe hinzugeben und aufkochen. Das Gemüse, die Kartoffeln und den Bulgur hinzugeben, aufkochen und alles etwa 10 Minuten bei mittlerer Temperatur garen.

>>> Die Dosentomaten mit einer Gabel zerdrücken und mit den Bohnen zum Chili geben. Den Eintopf mit Limettenschale, Salz und Pfeffer würzen und etwa 8 Minuten weitergaren, bis alles gar ist. Mit Limettensaft abschmecken. Die Korianderblättchen abzupfen und über das Chili streuen.

ANHANG

REZEPTVERZEICHNIS

Die farbig markierten Rezepte sind vegan.

DANKE

Iris sagt ganz besonders ihrem Mann Sven von ganzem Herzen danke für die Idee zu diesem Buch und dafür, dass er sich bei der Rezeptentwicklung für den Männergaumen so intensiv eingebracht hat.

Ein weiterer großer Dank geht an unsere Testesser Betti, Christiane, Ulli, Anne, Lars, Susanne, Axel, David, Henning, Omar, Bianca, Chris, Sabrina, Maria, Susanne, Steffi, Jeremy, Carina, die uns bei der Entwicklung der Rezepte tatkräftig unterstützt haben. Wir danken außerdem Marieke für die Unterstützung beim Fotoshooting.

Dank geht auch an alle, die uns unterstützt und bei der Umsetzung des Buches tatkräftig geholfen haben. Ein extra Dankeschön an Misha Vetter für die tollen Fotos.

DIE AUTORINNEN

Iris Lange-Fricke
hat ihr Hobby zum Beruf gemacht. Bereits als Kind verbrachte sie viel Zeit in der Küche und bald war klar, dass sie Köchin werden wollte. Während ihrer Kochausbildung war es ihr immer wichtig zu wissen, welche Inhaltsstoffe sich in Obst, Getreide oder Gemüse verstecken und was sie im Körper bewirken. Deshalb entschied sie sich zum Studium der Ernährungswissenschaften. Heute arbeitet sie als Ernährungsberaterin und freie Foodredakteurin, entwickelt Rezepte für Kochbücher, Zeitschriften und Verlage und arrangiert als Foodstylistin Fotoshootings. Dabei lassen sich ihre praktischen Erfahrungen beim Kochen und Backen perfekt mit ihrem theoretischen Fachwissen kombinieren. Ihre besondere Leidenschaft gilt der vegetarischen Küche. In diesem Buch hat sie ihre Lieblingsklassiker neu interpretiert und neue Rezepte speziell für den männlichen Gaumen entwickelt.
www.irislange.com

Stefanie Nickel
ist Ernährungswissenschaftlerin und leidenschaftliche Köchin und Bäckerin. Mit Hingabe probiert sie regionale, saisonale und neue Rezepte oder Zutaten aus aller Welt aus. Nach ihrer Ausbildung vertiefte sie ihre Praxis in der Dr.-Oetker-Versuchsküche, arbeitete viele Jahre als Food-Ressortleiterin des Frauenmagazins »Vital« und als Redaktionsleiterin des Food-Magazins »kochen&genießen«. Heute arbeitet sie als freie Autorin, Rezeptentwicklerin und Foodstylistin für Magazine und Verlage.
Der Teilzeitvegetarierin liegt die schmackhafte und abwechslungsreiche Gemüseküche besonders am Herzen. Diese neu zu interpretieren und zu entwickeln, war eine spannende Herausforderung.
www.stefanie-nickel.de

AT Verlag, Aarau und München
Lektorat: Nicola Härms, Rheinbach
Fotos: Misha Vetter, www.mishavetter.de
Grafische Gestaltung und Satz: AT Verlag, Aarau
Druck und Bindearbeiten: Printer Trento, Trento
Printed in Italy

ISBN 978-3-03800-908-5

www.at-verlag.ch